JN078275

世界人類の99.99%を支配する

カバール
Cabal
の正体

How President Trump Defeated the Cabal

副島隆彦［監修］
SOEJIMA Takahiko

西森マリー［著］
Marie NISHIMORI

監修者のことば（副島隆彦）

この西森マリーさん著の『カバールの正体』の本づくりに監修者として加わった者として、本書を強く推薦する気持ちを込めて、冒頭で僭越ながら少し書かせていただく。

「カバール Cabal 」とは、西森さんに依ると「ヨーロッパで中世以降、何世紀にも渡って、世界を陰で支配してきた支配者」のことであり、「それは英国の王族と、ヴァチカン（ローマカトリック教会の総本山）そして中世から続く大銀行家（宮廷ユダヤ（コート・ジュー）人たちの集団）である。そして、「このカバールの執行機関がディープ・ステイト即ち軍産複合体（ミリタリー・インダストリアル・コンプレックス）と主要国の諜報機関（インテリジェンス）と報道機関（ニューズ・メディア）」である。

西森マリーさんが前著の秀作『ディープ・ステイトの真実』（秀和システム、２０２０年７月刊）を引き継いで、この本を書いたことで、両著が結合して読者にはいよいよ、アメリカ合衆国で今も激しく続いている、トランプ大統領とアメリカ国民の正義の闘いの全体像が熱く、有り有りと描写され、私たち日本人に知らされる。

私は監修者という、日本の出版業界で形骸化（けいがいか）し悪弊（あくへい）となった役目を引き受けたが、それを飛び越えて、西森マリーさんと共にトランプ革命を今も強く推進する同志である。だから、実際にやったことは、西森さんの本書の文章を全体に渡って細かく校閲（プルーフ・リード）したことである。

大変勉強になりました。西森さんが長年アメリカにいて、膨大な量の英文の知識情報を渉猟（しょうりょう）して、しかもその最新のものを私たち日本人に正確に伝えてくださるので、大変有難い。

日本の全（ぜん）メディア（テレビ、新聞、雑誌。そのネット・ニューズ版でさえ）が、カバールの下僕（げぼく）と化して、まったく世界で起きていることの真実の報道をしない。見事（みごと）なまでの世界言論（げんろん）統制である。私たちが知らなくてはいけない、日本にまで伝わらない多くの真実（トルース）が、本書にずっと書かれている。私のような職業的（プロウ）の情報収集者は本書を舌なめずりをして読んだ。

私は本書から、たった2行だけを引用する。

「バイデン（のそっくりさん。偽（フェイク）の大統領）は俳優のジェイムズ・ウッズが演じている」（251ページ）そうである。私たち日本人はこういうことを知らない。アメリカ国民は知っていて、ヒソヒソ話している。

ここで唐突だが、イギリスの天才劇作家（プレイライト）のシェイクスピアは、やはりこの400年間の噂（うわさ）どおり、真実の書き手（37篇の全てとは言わないが）は、大貴族にして大思想家だったフランシス・ベイコン卿だろう。ただの革(かわ)手袋職人の息子の役者(アクター)が、貴族社会を描けるはずがないのだ。この時代からすでにカバールはいたのである。フランシス・ベイコンは、エリザベス1世女王の隠し子だという説がある。

3月16日に、菅(すが)首相と会談したことで、就任後初めて国際舞台に登場したジョー・バイデンはあそこまでスラリとしていない。会談の場所は、ホワイトハウスではなくて、隣りのブレアハウスという高級迎賓館ホテルである。性悪(しょうわる)女のカマラ・ハリス副大統領がここに常駐している。

まったくおかしな世界になったものだ。

本書の第9章は、第Q章である。「Q」という、トランプを支持する謎の情報拡散集団について説明している。彼らが2017年10月からネット上に登場して、カバールとディープ・ステイトについての真実の情報を大量に爆弾投下(インテル・ドロップ)し始めた。これで日本でも私たちが騒ぎだした。人類を支配する悪魔たちは、Qの告発(アキュゼイション)を非道(ひど)く怖れた。「書かれていることは事実だ」とQを熱烈に支持する敏感なアメリカ国民が一気に増えた。この人たちをQAnon(ymous)(キュー・アノン)と言う、と私は本書で初めて知った。日本のトランプ派である私たちもQアノン主義者ということになる。

西森さんが本書（8ページ）で書いているが、「2014年4月にマイケル・ロジャーズ海軍大将がＮＳＡ（国家安全保障局）の長官になって、この時から、カバールとディープ・ステイトの犯罪の証拠収集を開始した」とある。

私が、西森さんとは別個に知ったＱ（キュー）の正体は、ＮＳＡを中心とする米軍情報部のトップたちの他に、米軍の軍事法廷（tribunal 昔なら軍法会議）の裁判官の軍人たちだ。憲法に基づき、厳正な正義判断（justice）を軍隊の中だけでなく、アメリカ国家全体に対して実現する人たちだ。

チャールズ・ピード Charles Pede 陸軍中将と、ジョン・ハニンク John Hannink 海軍副提督（海軍中将）と、リチャード・ドナヒュー Richard Donoghue 空軍中将たちも、Ｑである。英語で、Judge Advocate Generals Corps（ジャッジ・アドヴォケット・ジェネラルズ・コー）、略してＪＡＧ（ジャグ）のメンバーである。彼ら軍事法廷裁判官たちが今もトランプ大統領を強固に支えている。彼らの最長老はジョン・シングラーブ John K. Singlaub（１９２１－、今１００歳）陸軍少将である。

このＪＡＧ（ジャグ。軍事法廷裁判官団）もまさしくＱである。

彼らが、２０１５年にドナルド・トランプに、「あなたに大統領選挙に出て欲しい。私たち軍人が命に替えて貴方を守る。今、アメリカで権力者（パワー・エリート）たちによる、ペドフィリア（小児性愛）と、大量のインファンティサイド（幼児殺害。儀式殺人）が行われている。これを阻止して関与者たちを厳正に処罰しなければいけない」と、トランプの２０１６年の選挙への出馬を強く要請した。そして勝利した。

だから、私たち日本人の真の大敵（日本をこれまでヒドく操(あやつ)ってヒドい目に遭わせて来た）は、ロシアや中国ではなくて、西欧近代(モダーン)５００年間を支配してきたカバール Cabal だったのである。

監修者がこれ以上、口をはさむのはやめよう。あとは読者が、西森さんから多くの真実(トルース)を直接学んでください。

２０２１年５月31日

副島隆彦

はじめに

The Matrix is everywhere. It is all around us.
—Morpheus, "The Matrix"
すべてがマトリックスで、我々はマトリックスの中で生きているのだ。
モーフィアス『マトリックス』

中世ヨーロッパで金貸し業者が、絶対王政を陰で動かすようになりました。この時以来、私たちは一握りの、人類の支配層が作ったフェイク・リアリティの中で生き続けてきました。

カバール Cabal とは、ロスチャイルドなどの大富豪と、ヴァチカン上層部、ヨーロッパの王族たちです。私たち人類は、彼らが作ったフェイク・スクールで、フェイク・ヒストリーとフェイク・サイエンスをずっと教えられてきました。そして、フェイク・メディアが伝えるフェイク・ニューズを信じ込まされてきました。

カバールに逆らう者は、どれほどの権力者であっても、カバールの手下であるディープ・ステイト（諜報機関や一部の軍の高官たち）に暗殺されました。

しかし、ケネディ暗殺（1963年11月22日）のあと、愛国心溢れる米軍の勇士たちが、ディープ・ステイトの中に潜入しました。そして潜伏して、カバールを倒す機会を虎視眈々と狙いました。

2014年4月、合衆国憲法とアメリカを守るために忠誠の誓いを立てた愛国者、マイケル・ロジャーズ海軍大将が、世界中のありとあらゆる通信を傍受できるNSA国家安全保障局の長官に就任しました。そしてカバールとディープ・ステイトの犯罪の証拠収集を開始し、2015年に、〝カバールが2016年にヒラリーを当選させようとしている。ヒラリーを当選させてから、アメリカ国内で核爆弾を爆発させ、北朝鮮かロシアのせいにして第3次世界大戦を起こし、荒廃した全世界を支配して地球政府を設立する計画を立てている〟という情報を入手しました。ロジャーズ海軍大将ら愛国者たちは、2016年の大統領選にトランプを当選させました。フロリダやジョージアなどの激戦州で、投票機がインターネットに接続できないようにして、カバールの投票機不正操作を阻むことで、トランプが勝ちました。

トランプはそのあとの4年間で、大手メディアはフェイクだ、という真実を人々に知らせ、カバールの人身売買を摘発しました。その他の犯罪に関してもカバールとディープ・ステイト

2014年4月、NSA国家安全保障局の長官に就任したマイケル・ロジャーズ海軍大将（2018年5月まで）。このときからカバールとディープ・ステイトの犯罪の証拠を収集し始めた。

マイケル・ロジャーズ
（1959 -　, 61歳）

の連中を泳がせて、悪の組織を一掃できるだけの証拠を積み上げて彼らを追い詰めました。2020年の大統領選も、愛国軍人たちによる証拠収集過程のツメの作業として行われたおとり作戦でした。

この本は、カバールの実態を端的にまとめた「カバール入門書」です。カバールが構築したマトリックスの中から脱出するために、大覚醒（グレイト・アウェイクニング）の手引きとしてお役立てください！

『世界人類の99・99%を支配するカバールの正体』◆目次

第11章　大覚醒

装丁・泉沢光雄

第1章　アメリカ人がカバールの存在に気づいた経緯

We'll know our disinformation program is complete when everything the American public believes is false.

— William Casey, Director of the CIA

アメリカ人が信じることすべてが嘘だということになったとき、我々の偽情報作戦は完結する。

ウィリアム・ケイシーCIA長官

カバール cabal とは、「陰謀を企てる人々の秘密組織」のことです。語源はヘブライ語のカバラ qabbalah で、「受け取ったもの（知識など）、受諾、受け容れること」という意味です。「何世代にもわたって受け継がれた極秘情報を駆使して、世界を陰で操る少数の集団」という構図が見えてきます。

中世以降、世界中の人々は、カバールと呼ばれる支配者層（それは英国の王族と、ヴァチカン、そして中世から続く大銀行家たちの集団）と、カバールの執行機関であるディープ・ステイト

（軍産複合体と諜報機関と報道機関）が作り上げたフェイク・リアリティの中で生きてきました。

しかし、トランプが大統領になったとき、１０００年以上も闇の中に隠れていたカバールの正体が徐々に見えるようになったのです！

この章では、アメリカ人の約半数がどんなきっかけでカバールの存在に気づき始めたか、目覚めの過程を振り返ってみましょう。

Q アメリカ人民の銃所持権を奪うためにねつ造された学校銃乱射事件

アメリカの独立宣言には、こう記されています。

われわれは、以下の事実を自明のことと信じる。すべての人間は生まれながらにして平等であり、その創造主によって、生命、自由、および幸福の追求を含む不可侵の権利を与えられている。こうした権利を確保するために、人々の間に政府が樹立され、政府は統治される者の合意に基づいて正当な権力を得る。

そして、いかなる形態の政府であれ、政府がこれらの目的に反するようになったときには、人民には政府を改造または廃止し、新たな政府を樹立し、人民の安全と幸福をもたらす可能性が最も高いと思われる原理をその基盤とし、人民の安全と幸福をもたらす可能性が最も高いと思われる形の権力を組織する権利がある。

この創造主（Creator）というのは、英語が母語である人々は、ユダヤ教から派生したキリスト教の神のことだ、と信じています。だからアメリカ人のマジョリティは「アメリカは基本的にはキリスト教の信条を基盤にして建国された」と信じています。

次に、合衆国憲法 補正（アメンドメント）第2条を見てみましょう。

よく整えられた義勇軍は自由な国の安全保障にとって必要なので、国民が武器を所有し携帯する権利を侵害してはならない。

左派の人々は、「合衆国建国当時は英国の圧政に立ち向かうために武装した義勇軍が必要だったが、今はもう必要ないので、補正第2条は無意味だ」と主張しています。しかし、2008年に最高裁が、5対4で、「当時は国民全員が義勇軍だったので、この条項は国民全員の銃所持携帯権を認めたもの。連邦政府が国民から武器を取り上げて国民を無力化することを恐れた地方自治権擁護派がこの補正条項を付加した」という判決を下しています。

つまり、連邦政府による弾圧に対する抑止力として、国民の武装を支持したのが補正第2条ということです。独立宣言にも「人民には政府を廃止する権利がある」と明記されています。ですから、アメリカ人の権利を守るために銃所持権は絶対に必要なものなのです。銃がなければ政府に対抗できませんから。

こう書くと、左派の人たちは、「銃では戦車や戦闘機に太刀打ちできないし、そもそもアメリカ政府がアメリカ人を攻撃することなど有り得ない」と、無邪気なコメントを発します。しかし、保守派は、いざとなったら銃の力でアメリカ各地の米軍基地を占領し、戦車や戦闘機を乗っ取って、悪の政府軍と戦う覚悟でいます。ですから、保守派にとって銃所持権は、自由と独立に欠かせない基本的人権です。

オバマ政権下で学校銃乱射事件が頻発。特にサンディ・フック小学校で起きた乱射事件は、幼い子どもたちを含む28人もが射殺された。このことで、共和党議員も、銃規制強化に賛成し始めました。しかし、視力、聴力、そして良識がある人々は、サンディ・フックを筆頭にほとんどの乱射事件はオバマがねつ造したお芝居だ、ということがハッキリ分かり、「大手メディアは、明らかに芝居と分かる〝乱射事件〟を事実として報道する偽情報拡散機関だ！」と気づきました。

そして、２０１６年2月13日、最高裁判事の中でとりわけ強く銃規制に反対していたアントニン・スカリア判事がテキサスで謎の死を遂げました。大手メディアは「自然死」と伝えましたが、テキサスのローカル局では、「枕が顔の上に置かれていた。保安官は他殺を示唆」と報道。次の日には〝不都合な真実〟を伝えたローカル局のウェブ・ページは一斉に消え去り、他殺を裏づける証拠を載せた情報サイトも次々に消え失せ、他殺説を唱える人は精神異常者扱いを受けて徹底的に人格を抹殺されました。

これがきっかけとなって、保守派の多くが、「最高裁判事さえも暗殺し、報道統制ができる闇の組織が存在する！」と確信しました。

トランプ政権発足後、オバマ時代に中東や中央アジア、ウクライナで起きた〝カラー革命〟が、オバマが仕組んだグラディオだったことが分かり、保守派の人々がアメリカの政治を裏で操るディープ・ステイトが実在する、と確信しました（グラディオとは、政敵の恐喝、自分が起こした殺人や戦争の罪を敵になすりつける、などの手段で目的を達成する偽旗(にせはた)作戦。詳しくは拙著『ディープ・ステイトの真実』秀和システム、２０２０年、参照）。

さらに、ロシア疑惑は、ＦＢＩが偽情報を元に始めた捜査であり、捜査開始の前に情報が偽(にせ)だと知っていたことも発覚しました。このときトランプ支持者は、ＦＢＩはディープ・ステイトの一味なのだ、と確信しました。

Q 暴露された悪魔崇拝、ペドフィリア、人身売買

2017年6月と11月には、ニコール・キッドマンとメル・ギブソンが、ハリウッドのペドフィリア（幼児・子どもとのセックス）に関する爆弾発言をしました。この他、ケヴィン・スペイシーが14歳の少年をレイプした、というニュースが流れて、アメリカ中がビックリしました。

2018年5月には、ハーヴィー・ワインスタインがレイプ容疑で逮捕され、ハリウッドで子役スターや若い新米女優への性的暴行が蔓延していることが明らかになりました。

さらに、『マイティ・ソー』などで脇役を務めたアイザック・キャピーが、「トム・ハンクスもスティーヴン・スピルバーグもペドの悪魔崇拝者で子どもをレイプして殺してる。上の人間はみんなペドと悪魔崇拝でつながってるんだ。BBCもそうだよ。みんな恐喝の素材を握られてるから誰も何も言えないんだ」と、爆弾発言。この後、キャピーは謎の死を遂げ、勘のいい人々が「口封じのために殺されたか、報復を恐れたキャピーが自殺したと見せかけたのでは？」と思うようになりました。

そして、2019年7月、ジェフリー・エプスタインが逮捕され、「エプスタインが所有するヴァージン諸島の島やマンハッタンの豪邸で各界の名士やセレブが未成年の少年少女とセッ

ハリウッドのペドフィリア（幼児・子どもとのセックス）に関する爆弾発言をしたニコール・キッドマン（左）とメル・ギブソン

ニコール・キッドマン
（1967 -　, 54 歳）

メル・ギブソン
（1956 -　, 65 歳）

2017 年 6 月、ニコール・キッドマンは「スタンリーは、この世の中はペドフィル（ペド人間）が牛耳っている、と教えてくれた」と、映画『アイズ・ワイド・シャット』の監督スタンリー・キューブリックが説明してくれたこの世界の秘密を暴露した。

同年 11 月には、メル・ギブソンがＢＢＣのインタビューに答え、「ハリウッドはペドフィリアが制度化された社会だ。ハリウッドのエリートたちは人類の敵だ」と告発した。（第 7 章 172 ページ参照）

クスをしていた」という証言が大手メディアでも扱われるようになりました。エプスタインの島に行く飛行機の搭乗名簿にビル・クリントン、ジョン・ロバーツ最高裁判事、ナオミ・キャンベルなどのセレブ、ラリー・サマーズ（ハーヴァード大学の学長）などの学界のリーダー、ハリウッドのスター、ジョージ・ステファノポロス（ABCテレビの司会者、クリントン政権報道官）などの大手メディアの記者や重役が名前を連ねていることも発覚。ビル・クリントンやアンドリュー王子（ヨーク公）が未成年と思われる若い女性と写っている写真も流出。

ネット上では、エプスタイン島の建物や像がフェニキアの悪魔崇拝の寺院や彫像に酷似していることが大きな話題になりました。同年、8月10日にエプスタインが獄中で謎の自殺をしたことで、アメリカ中でEpstein didn't kill himself!「エプスタインは自殺したんじゃない！」という一言が流行語になって、この一言をプリントしたTシャツが大ヒット商品になりました。

これで一気に悪魔崇拝やペドフィリアへの関心が高まり、元CIAのスパイ／海兵隊員のロバート・デイヴィッド・スティールが監修した『ペドフィリア＆エンパイア』という本がベスト・セラーになりました。

この本には、こう書かれています。

●カバールと呼ばれる世界の支配層（ヨーロッパの王室、ヴァチカンの上層部、ロスチャイルド一族などの中世から続く大富豪）は悪魔崇拝者で赤ん坊をいけにえに捧げ、小さな子どもたちをレイプし、拷問してアドレノクロームを摂取している（アドレノクロームはアドレナリンの酸化で生成される化合物で、若返りなどの効果がある、とされている）。

●ディープ・ステイトの中核をなすNATO、CIA、英国／カナダ／ニュージーランド／オーストラリアの諜報部、米軍高官の一部は、カバールの秘密を守り、カバールの指令を執行するための機関だ。この使命遂行のための予算は武器・麻薬密売とセックス・トラフィッキング（セックスのための人身売買）や臓器密売で捻出している。

●政財界、芸能界、スポーツ界、医学や科学の学界、テック産業、報道業界、芸能界など、あらゆる分野で成功を収めた人間のほぼ全員がカバールの許可を得た者で、彼らは成功者の仲間入りをするために悪魔崇拝の儀式を行い未成年者をレイプした。その証拠写真・映像をCIAなどの諜報機関が恐喝の素材として保持している。成功者たち（有名人、著名人）はカバールの計画を実現しやすくするための宣伝係として使われている。

●多くの国々の政治家や判事なども、昇進を望んで自らの意志で悪魔崇拝の儀式に参加して証拠ビデオを撮られてカバールの手下になったか、あるいはハニートラップの罠にはまったり賄賂を受け取るなどして弱みを握られてカバールの手下になっている。

●FBI、欧州や英語圏の警察の上層部はカバールの悪事を隠すための組織である。

●オバマもヒラリーもレディー・ガガもビヨンセもペドの悪魔崇拝者である。

●ＵＮＩＣＥＦ、赤十字、アメリカ各州の機関である児童保護サービスも、カバールに買収・恐喝されて、幼児や子どもをカバールに支給する機関と化している。

Q カバールの軍事拠点、宗教拠点、財政拠点

この本を読んでペドフィリアの真相を知った人々が、ロバート・デイヴィッド・スティールの YouTube のチャンネル（残念なことに２０２０年の暮れに削除されてしまいました）に押し寄せ、左記の驚くべき事実を学びました。

カバールの一員であるヴァチカンはスイス衛兵に守られ、ロスチャイルドの一派がスイス銀行を仕切っているので、スイスもさまざまな悪事に深く関わっている。

カバールの底辺に新興勢力のロックフェラー、ソロス、ゲイツなどが居座っているが、彼らはカバールの単なる手下で、いわばカバールの経理部である。

オベリスクがあるワシントンＤＣ、ヴァチカン、シティ・オヴ・ロンドンは独立国家のようなもので、それぞれカバールの軍事拠点、宗教拠点、財政拠点。シティ・オヴ・ロンドンの行政は City of London Corporation と呼ばれる自治体が担当していて、市長は Lord Mayor of London と呼ばれる。Mayor of London ロンドン市長とは異なる。

オベリスクは、悪魔崇拝のシンボルで、バアル（メソポタミア、シリア、パレスチナ、フェニキア、カルタゴなどで信仰されていた神で、偶像崇拝だったので旧約聖書で悪魔と同一視されて禁じられた）の男根を意味している。

五角形、星形五角形、フクロウも悪魔崇拝のシンボルで、ワシントンＤＣの道路がペンタグラム、議事堂の道がフクロウ、国防省（ペンタゴン）が五角形なのは、イルミナティの陰謀〝説〟ではなく、アメリカ建国の際にカバールが意図的に設計した。

カバールがカダフィ大佐を殺してリビアの政権交代を強行した理由の1つは、カダフィ大佐がトリポリの奴隷市（ペドのための子ども供給源だった）を廃止したからだった。新政権誕生後、奴隷市が復活した。

ソロスが天才的投機家でイングランド銀行を潰して大もうけをした、というのは大嘘で、これはロスチャイルド財閥が仕組んだ芝居だった。カバールは自分たちにスポットライトが当たることを恐れて、20世紀前半にロックフェラー、20世紀末にソロスとビル・ゲイツ、21世紀初頭にザッカーバーグとジェフ・ベゾスを金持ちに仕立て上げて、自分の手下にして、「大富豪の慈善家」を装わせて資金提供をさせている。

ベトナム戦争中、ＣＩＡは東南アジアでの麻薬密売と人身売買のルートを確立した。

ＤＥＡ（麻薬取締局）は、ＣＩＡの麻薬密輸・密売独占を守るための組織で、ＤＥＡの予算はＣＩＡが麻薬を運びやすくするためにベトナムでの道路建設に使われていた。

第2次世界大戦後、アメリカ諜報機関は、ナチスの科学者に新しい身分を与えてアメリカに連れてきたが、その際にナチ幹部が信仰していた悪魔崇拝に感化され、そのせいでＣＩＡ上層部に悪魔崇拝が定着してしまった。

エプスタインの女友だち、ギレーヌ・マクスウェルは、カバールの手下であるモサドのエージェントであり、エプスタインのハンドラーである。

エプスタインは、マクスウェルの父親（やはりモサドのエージェントだった）から巨額のカネをもらい、「天才的ビジネスマンの資産家」という役割を演じ、要人を豪邸やペド島に招いて乱交パーティを開き、レイプやセックス、悪魔崇拝儀式などの行為を密かにビデオや写真に撮って、カバールのために恐喝のネタを集めていた。

出馬宣言をするまでは、芸能界の人気者で、黒人の指導者からも好かれていたトランプが、当選と同時に罵倒されたのは、トランプが人身売買を厳しく摘発してアドレノクロームの供給源を絶ったから。カバールはトランプに人種差別主義者というレッテルを貼り、人種を使ってアメリカを分裂させ、アメリカを乗っ取ろうとしている。

連邦準備制度、連邦準備銀行（ＦＲＢ）は、〝連邦(フェデラル)〟とは名ばかりで、実際は元祖カバールのロスチャイルド、カバールの仲間入りをさせてもらったロックフェラーなどが牛耳っている

2017年7月に逮捕され、2019年、「自殺」を装って殺されたジェフリー・エプスタイン（左）と、そのパートナーだったギレーネ・マックスウェル。「エプスタインが所有するヴァージン諸島のリトル・セイント・ジェームズ島やマンハッタンの豪邸で各界の名士やセレブが未成年の少年少女とセックスをしていた」という証言が大手メディアでも取り沙汰された。

エプスタインは、マクスウェルの父親から巨額のカネをもらい、「天才的ビジネスマンの資産家」という役割を演じ、要人を豪邸やリトル・セイント・ジェームズ島に招いて、乱交パーティーを開き、レイプやセックス、悪魔崇拝の儀式などの行為を秘かにビデオや写真に撮って、カバールのために恐喝のネタを集めていた。

エプスタインの「自殺」後、行方不明になっていたギレーネは2020年7月、逃亡先のニューハンプシャー州で逮捕。

私設組織で、ドル紙幣は彼らが勝手に印刷している無価値な紙切れだ。米国税庁（ＩＲＳ）もアメリカ政府の組織ではなく、プエルトリコを拠点とする私設機関で、カバールが勝手に作った。

カバールの会計係と化したウォール・ストリートの連中は、空売りで１００兆ドル、そして麻薬密売や人身売買の資金洗浄でも１００兆ドル貪（むさぼ）っている。こうしたカネの流れをＮＳＡ（米軍の国家情報局）はすべて押さえているので、トランプがタイミングを見てカバールの財産を没収するはずだ。

カバールのお気に入りの乗っ取り手段は、民衆を分裂させて国力を弱める、という分断支配（ディヴァイド・アンド・ルール）だ。階級闘争、キリスト教徒vsイスラム教徒、男性vs女性、ＬＧＢＴＱvs普通の人々、黒人やヒスパニックvs白人、という戦いを煽っている。

１９６０年代のヒッピー・ムーヴメントは、キリスト教の倫理を破壊するためにタヴィストック研究所（１５７ページ参照）が仕掛けたもので、ＣＩＡが密輸した麻薬がアメリカ人のヒッピー化を助長した。

ウーマン・リブやシングル・マザー謳歌も、家庭を崩壊して個人の労働時間を延長し、疲れさせ、日々のこと以外は考えるゆとりがない、という状態に陥れ、カバールの存在に気づかせないようにさせるためだった。

カバールは地球の資源を独り占めしようとしているので人口削減に力を入れている。カバールがLGBTQとトランスジェンダーを推しているのは、出産を阻むためであり、人権とは無関係。中絶支持（プロチョイス）も人口削減と胎児のパーツ取得のためで、女性の権利とは無縁。

人種差別是正、落ちこぼれ防止、という理由でビル・ゲイツとジェブ・ブッシュが遂行したコモン・コアー教育方針（算数の答えが間違っていても努力した形跡があれば合格点をつける）は、アメリカ人の教育水準を下げて御しやすくするためのカバールの計略。

クリントン政権以来、製造業を海外に移しているのも、アメリカを輸入依存にして、必需品の流通をカバールがコントロールし、国民を支配するため。習近平は2017年以降はトランプと共にカバールと戦うようになった。だが、中国共産党はカバールの手下なので、カバールはいつでも中国からの医薬品・日用品の輸入を止めて、アメリカを苦しめることができる。

カバールが目指すワン・ワールドは、カバール＝独裁者、ディープ・ステイトと大手企業重役＝特権階級、それ以外は政府依存症の奴隷、という世界で、旧ソ連の共産体制に匹敵する。アメリカの社会主義化はワン・ワールドへ移行するための第1歩。カバールがブラック・ライヴズ・マター（以下BLM）やアンティファ、不法移民、最低所得保障政策を支援するのは、民主党一党支配＝社会主義政府樹立のためであり、人権とは無縁。

Qは、大手メディアを介さずに真実を知らせるために米軍勇士が結成した団体で、世界史上最強の軍事作戦である。

Q コロナウィルスで馬脚を現したカバール

これらの事項は、副島隆彦先生や私の本の読者には目新しいことではありませんが、多くのアメリカ人にとっては開眼モノの新情報で、スティールの本を読み、ビデオを見た人々は皆、唖然としました。

そして、彼らはネット検索をして、カバールに関する真実を語っている元軍人のスコット・マッケイや、ブレナンのもとで諜報活動をしていたパトリック・バーギー、元NSAのウィリアム・ビニー、元CIAのスティーヴ・ピチェニックのサイトに巡り会い、前述したロバート・デイヴィッド・スティールのコメントを裏づける証拠を次々に発見し、どんどん目覚めていきました。

コロナウィルスも、カバールの正体露呈に一役買ってくれました。

2020年、コロナウィルスで学校が閉鎖され、子どもたちが家の中でオンライン授業を受けることになり、ほとんどの公立学校でクリティカル・レイス・セオリー（白人はみな人種差別主義者でアメリカは白人優越思想に基づいて築かれた、という仮説）が教えられていることを、親たちは初めて知って唖然としました。幼稚園でもトランスジェンダーに関する性教育を行い、自分はトランスジェンダーだと〝自覚した〟子どもたちが先生から褒められていることが発覚。親たちが「教師が子どもたちを性別や人種で二分しようと洗脳している」と気づき始めました。

また、パンデミックで外国からの物流が絶たれて日用品が品不足になったことで、医薬品、医療品の9割が中国からの輸入品だ、という事実をアメリカ人が初めて知りました。そして、アメリカ人の約半数が、「アメリカの製造業を中国に移すというのは、カバールのアメリカ奴隷化政策の第1歩だったんだ！」と気づいて、愕然としました。

トランプ大統領が「ヒドロキシクロロキンとアジトロマイシンがコロナウィルスに効く」と言ったとたんに、医学界や大手メディアが「ヒドロキシクロロキンは危険だ！」と叫び、トランプのコメントを裏づける医師たちの証言がネット上から削除され、それまで処方箋無しで薬局で安値で買えたヒドロキシクロロキンが販売禁止になりました。

ヒドロキシクロロキンは何十年も前からマラリア治療薬として用いられている安全な薬で、テキサス州などの共和党が圧倒的に強い州では、コロナウィルス治療薬として使われていました。この現状を無視してまで医学界がヒドロキシクロロキンを抹殺したのは、トランプがコロナウィルスを終わらせることを妨げ、新薬・ワクチン製造で製薬会社を儲けさせるためとしか思えませんでした。そのため、大手製薬会社を嫌うニューエイジ系の人々の中にも、「見えない魔の手がコロナウィルス対策まで操っている！」と感じる人々が出てきました。

Q アメリカ人の半分が「カバールは実在する！」と気づいた

ＢＬＭとアンティファも、カバールの正体をさらすために一役買いました。

２０２０年の初夏から秋にかけて、各地でＢＬＭのデモが起きたとき、「人命を救うためにロックダウン！」と叫んでいた政治家、医師、教師が「人種差別への抗議は重要な人権運動だから、みんな集まってデモをしろ！」と提唱。左派以外の人が、「それは非科学的だ」と首をかしげました。

デモが激化し、ルイ・ヴィトンやシャネルなどの店が略奪され、黒人警官が殺される暴動に発展しましたが、大手メディアの記者たちは炎上する商店街の前で「白人優越主義に反対する平和なデモ」と伝え、大企業や有名人もこぞってＢＬＭに巨額の寄付をしました。この金の流れを追っていくと、ＢＬＭやアンティファのデモが自然発生的なものではなくて、実はソロスが陰で糸を引いていることが分かりました。

さらに、左派の大富豪たちが司法制度を買っていることも判明しました。

アメリカでは地方検事、地方裁判所の判事、保安官なども選挙で選ばれ、州民投票でさまざまな州法を制定することができます。ソロスは、何億ドルもの莫大な選挙資金を提供して極左思想の検事や判事を次々に当選させ、犯罪者にやさしい街作りに励んでいます。

ソロスのお墨付きの地方検事たちはＡＣＬＵ（全米自由人権協会）などのさまざまな左派組織と協力し、アメリカ各地で万引き、窃盗などの軽罪の訴追を中止。容疑者が黒人・ヒスパニック・不法移民の場合は〝人種差別是正のため〟という理由で、強盗、銃犯罪、レイプの訴追もやめました。

オバマ時代までアメリカ人のほとんどがソロスは人道主義者だと思っていましたが、スティールやスコット・マッケイのビデオを見た人々が「ソロスはカバールの手下であり、アメリカ人を福祉漬けにして、人種・性別・宗教で二分して、犯罪を増やし、アメリカを破壊しようとしている」という恐るべき事実に気づきました。

そして、２０２０年９月、私立学校は再開したのに、公立学校の教員組合は、「警察への予算を削除し、不法移民にも無料で健康保険を提供し、金持ちや大企業に重税を課し、低額所得者に住居を提供しない限り開校しない」と宣言。教員組合は民主党への大口寄付者なので、民主党の知事や市長は教員組合の方針を支持。その陰で、自分たちの子どもを私立学校に通わせている姿がＳＮＳで流れ、中道派も「教員組合が社会主義化を推す左翼政治団体だ」という事実を察知しました。

カバールは、トランプの経済繁栄を中断してアメリカを乗っ取るための第1歩として中国にコロナウィルスを拡散させたのでしょう。しかし、カバールのもくろみとは裏腹に、ロックダウンのせいで時間ができた人々が、ネット検索によって真実を語るサイトに巡り会い、カバールが実在する！　という事実に気づいたのですから、皮肉としか言いようがありませんよね！

第2章　カバールのヨーロッパ史　パート1

Lorsqu'un gouvernement est dépendant des banquiers pour l'argent, ce sont ces derniers, et non les dirigeants du gouvernement qui contrôlent la situation, puisque la main qui donne est au-dessus de la main qui reçoit. L'argent n'a pas de patrie; les financiers n'ont pas de patriotisme et n'ont pas de décence; leur unique objectif est le gain.

Napoléon Bonaparte

政府が銀行家のカネに依存している場合、支配権を握っているのは政府の首脳ではなく銀行家である。与える手が受け取る手を抑えているからだ。カネには祖国はなく、資本家には忠誠心も良識もない。彼らの目的は利潤追求のみだ。

ナポレオン・ボナパルト

Q 中世ヨーロッパ中に広がった古代フェニキア人の子孫

まだ銀行がなかった古代ギリシアの時代は、フェニキア人が両替商（マネーチェインジャー）として儲けていました。彼らは、預かったお金を貸す、という作業も始め、銀行の基礎が形成されました。

フェニキア（主に現代のレバノンに相当）では、多くの住人がバアルと呼ばれる神を崇拝していました。信者たちは崇拝・成功祈願の儀式の一環として寺院専属の売春婦とセックスをし、自分たちの赤ん坊を炎の中に放り込んで生け贄として捧げました。

悪魔崇拝はフェニキアの植民地となったカルタゴ（現在のチュニジア共和国北部）でも受け継がれ、古代ローマ人は、幼児をいけにえに捧げるカルタゴ人を〝野蛮人〟として恐れていました。20世紀までは、これは古代ローマ人がでっち上げた作り話だと思われていましたが、2014年に考古学者がいけにえとされた動物や幼児の骨を発見し、カルタゴで幼児生け贄儀式が実際に行われていたことが証明されました。

中世に入ると、ヨーロッパの王国、イタリアの都市国家が独自の貨幣を発行し始め、イタリアのジェノヴァ、ヴェニス、フィレンツェの両替商が台頭。

十字軍の遠征が始まったことで、両替商はローマ法王やヨーロッパ中の国王へ軍資金を貸すようになり、両替よりも金貸しに重きを置いた銀行へと発展しました。

カトリック教会は高利貸しを禁じていたので、カトリック教徒の銀行家は〝贈り物〟という形で利子に相当する利益を得ていました。当時、ほとんどの銀行は、引き出せるのは預けた本人だけ、という原則で貸し借りを行っていたので、十字軍に遠征する前に貴重品を預けた騎士が死んだ場合は、銀行の丸儲け、ということになりました。

1096年から1272年までの176年間に渡り9回行われた十字軍遠征は、どれもキリスト教の名誉を賭けた一大イヴェントだったので、巨額の費用が必要でした。これで銀行家も、ユダヤ系移民の高利貸しも「戦争は儲かる！」と味を占めました。

さて、中世ヨーロッパの銀行家と言えば、メディチ家が有名ですが、元祖両替商のフェニキア人は地中海に面するすべての国で活躍していたので、中世ヨーロッパの銀行家に、カトリックになりすましたフェニキア人の子孫がいたとしてもおかしくはないでしょう。2016年に、古代フェニキア人のDNAを持ったポルトガル人がいることが分かっています。

Q カバールの基礎を築いたヴァチカン

十字軍で銀行家とつながりを持ったヴァチカンは、聖域とはほど遠い存在でした。

カトリック教会の聖職者が信者の子どもたちにレイプを含む性的虐待を行い、ヴァチカンが隠蔽工作を行っていたことは、2003年に『ボストン・グローブ』紙が暴露して以来、万人の知るところとなりました。大手メディアでは、カトリック教会のペドフィリアは1950年代から続いていた、と書いていますが、それはボストン・グローブの取材に応じた最年長の被害者が当時60代だった（彼がレイプされたのが1950年代だった）、ということです。実際には、司祭たちのペドフィリアは大昔から横行していました。

悪名高いスペイン人のアレクサンデル6世（ロドリゴ・ボルジア）は、マフィアのドンのような悪党でした。

1492年にイノセント8世が亡くなった後、当時枢機卿だったロドリゴ・ボルジアは、自分に愛人や子どもがいたにもかかわらず、他の枢機卿を買収したり、スパイを雇い、枢機卿たちの弱みを握って恐喝して、多数票を獲得して教皇位を手に入れました。ライヴァルだったアスカニオ・スフォルツァ枢機卿を買収するために、ロバ車2台に銀を山積みにして送りつけた、と言われています。

教皇の座についた後も、賄賂の他、売春宿にスパイを配置して有力者を恐喝する材料を集めたり、若い男女を雇ってハニートラップの罠にかける、政敵を毒殺する、など、現在のディープ・ステイトの常套手段とまったく同じ手を使って地位を固めました。その甲斐あって、ロドリゴが愛人に産ませた息子、チェーザレはヴァレンシアの大司教になり、ボルジア家は長い間ヴァチカンで権力を維持し、1644年にロドリゴのひ孫の孫が236代目のローマ教皇、イノセント10世になりました。

堂々と乱交パーティを開き、愛人が何人もいたことが周知の事実だったにもかかわらずロド

カトリック教会の悪事は今に始まったことではない

アレクサンデル６世
(1431 - 1503, 在位 1492 - 1503)

マフィアのドンのような悪党だったロドリゴ・ボルジア（チェーザレ・ボルジアの父。後のアレクサンデル６世）は賄賂、恐喝、暗殺、ハニートラップと権謀術数の限りを尽くし権力を掌握した。

リゴがヴァチカンのトップに立てたのは、彼が策略に長けていたからです。

とはいえ、縁故採用で身内を要職につけてぼろ儲けをする、というのはボルジア家に限ったことではなく、ヴァチカンの人間のほぼ全員がやっていたことでした。賄賂、ハニートラップ、恐喝、暗殺も、ロドリゴのみの特技ではなく、ローマ教皇の半数が権力を掌握し維持するための常套手段として使っていました。特に中世は、愛人がいた教皇も多く、ヴァチカンで酒浸りの乱交パーティが行われることも少なくなかったのです。

カトリック教会のこうした悪事は、14年間カトリックの司祭(プリースト)を務めた後、BBCのプロデューサーに転職し、その後、学術書やミステリーの著作家となったピーター・ドゥ・ローザの『ヴィカーズ・オヴ・クライスト ―― ザ・ダーク・サイド・オヴ・ザ・ペイパシー』(キリストの代理人 ―― ローマ教皇の暗い側面。1988年刊)に詳しく記されています。

2020年12月に、ヴァチカンのサテライト(人工衛星)が投票機を不正操作してバイデンの票を加算していた、ということが明らかになりました。このとき、保守派のコメンテイターたちは「CIAやソロスがヴァチカンにまで侵食していた!」と、愕然としました。しかし、ドゥ・ローザの本を読むと、ヴァチカンが大昔から腐りきっていたことがよく分かります。

買収にはカネが必要なので、銀行家たちが神聖ローマ帝国の時代から計略や陰謀に関わっていたことは容易に想像がつきます。売春宿にスパイを派遣するには、諜報組織が必要なので、

ＣＩＡのような組織が神聖ローマ帝国の時代からあったに違いありません。

つまり、ＣＩＡやロスチャイルドがヴァチカンを侵略したのではなく、ヴァチカンがカバールとディープ・ステイトの基礎を築いた、と考えるほうが理にかなっているのです。

Q オランダ、チューリップ・バブルの真相

大航海時代が訪れ、金融の拠点がアムステルダムとロンドンに移り、イタリアの銀行家たちがこれらの都市にも手を広げました。

17世紀はアムステルダムの黄金時代で、オランダ東インド会社やオランダ西インド会社が活躍した経緯は日本の世界史の教科書にも載っていますよね。

１６３７年にオランダで起きたチューリップ・バブル（Tulip mania）は、当時オランダでこよなく愛されていたチューリップの球根の値段が沸騰し、このあと一気に暴落した事件です。通説は、「何人かの一般人がチューリップの球根の市場に参加して金持ちになったので、大衆がこぞって球根を買って価格が急騰し、バブルがはじけて無数の一般人が破産して路頭に迷い、オランダ経済は大打撃を受けた」とされています。バブル崩壊の最初の例として、その後延々と、「何も知らない一般人が株などの取引に手を出すと痛い目に遭う」という教訓として繰り

返し語り継がれています。

しかし、実際には〝大損〟をした人はたった37人で、彼らは全員大金持ちだったため、普通の人の目には〝大損〟と映る額も、彼らにとってはお小遣いのようなものでした。彼らは破産などせず、オランダ経済もびくともしませんでした。

この事実はひた隠しにされて、いまだにチューリップ・バブルが一般人に投資活動をさせないようにするための反面教師として持ち出されるのはなぜでしょうか？

それは、何人かの一般人がチューリップ球根の取引に参加して実際に金持ちになった過程を見て、カバールが「無知蒙昧な一般人が金持ちになって、我々の富の独占を侵害するとは、けしからん！」と思ったからです。投機活動に参加できるのは、邪悪な洗礼を受けてカバールの手下の仲間入りを果たしたほんの一握りの〝エリート〟のみ！　これがカバールの掟です。カバールは、それ以外の一般人（つまり99・99パーセントの人々）が投機で儲けることができないようにするために、1637年以来384年間も、延々とチューリップ・バブルを使って「一般人が株などの取引に手を出すと破産するのがオチだ！」と洗脳する心理操作を続けているのです。

さらに一歩踏み込んで、そもそもこのチューリップ・バブルは、一般人の投機を妨げるためにカバールが仕組んだ空売りだったとしても、何の不思議もないでしょう。

Q ゲットーで生まれたマイアー・アムシェル・ロスチャイルド

金融の中心は18世紀以降はロンドンに移り、18世紀後半以降、延々とロスチャイルドの支配が続くようになりました。

ロスチャイルド一族の基礎を築いたマイアー・アムシェル・ロスチャイルド（ドイツ語読みはロートシルト）は、1744年にフランクフルトのゲットーで生まれました。古銭商として働いた後、ヘッセン・カッセル方伯家の御用商人になり、両替商も始め、資金運用の天才として出世しました。5人の息子たちが、ロンドン、パリ、ウィーン、ナポリ、フランクフルトで銀行家として活躍し、戦争をしかけては敵対する両側の国々に金を貸して、世界経済を牛耳るロスチャイルド帝国が誕生しました。

ロスチャイルドは、アシュケナージ（東欧やドイツ語圏に移住したユダヤ人）の銀行家の代表格です。

ゲットーで生まれたアシュケナージの銀行家たちは、いかにしてカバールの財政担当者に成り上がっていったのでしょうか？　副島隆彦先生の名著、『世界覇権の大きな真実　ロスチャイルド230年の歴史から読み解く近現代史』（PHP研究所、2021年）にその過程がヴィヴィッドに描かれているので、一部をご紹介しましょう。

ヨーロッパ各都市で、宮廷ユダヤ人として貴族化した金融家たちが出現したのは、17世紀からだ。やがて、ザクセン公国やプロセイン王国が興り、ロスチャイルド財閥が宮廷ユダヤ人の中で目立つ存在となった。

彼らはヨーロッパ諸国の国王たちに、軍資金を用立て、国家相手の金融業で世界を動かすことになる。国王たちは、「王の蔵」という自分の財宝の蓄えを持っていた。このフィナンス（王の蔵）から、現在の財政（finance）というコトバが生まれたのである。国王たちは、多くの宮廷従者や兵隊を養わなければならないから、国庫（フィナンス）の資金は常に不足し、戦争のための軍資金も必要だった。

王様という残虐な人間は戦争が大好きだ。宮廷ユダヤ人たちは王様に「王様。戦争をしたいでしょう。戦争をして、あの国を取りにゆきたいでしょう。王様、どうぞ戦争をしてください。必要なお金（資金）は私めがなんとか用立てしましょう。そのかわりその借金証書（ワラント）を書いてください」と言って、言葉巧みに資金を貢いだ。

この時、王様たちが書いて発行した、宮廷ユダヤ人への借用証書、借金証書が、現在の国債なのである。

今の言葉で言う国債（ナショナル・ボンド）そのものだ。国家の借用証書である。そしてどうせこのお金は民衆から取りたてなければ済まない。

◆徴税請け負い人としての宮廷ユダヤ人

案の定、王様たちはその借金を返せない。どの国も借金地獄である。そこで宮廷ユダヤ人たちは王様に次にこう囁いた。

「王様。お金はお貸ししました。でもそのお金は、私めに返さなくていいです。そのかわりに、あたらしい税金の項目（税目）を作ってください。そして、その新税を国民（王様の臣民。サブジェクトたち）から取り立てる権限を、どうか私めに与えてください。そうしたら、私が立派に税金として取り立てます。それで、王様にお貸ししたお金は、返済してもらったことにしますので」と言ったのだ。

そうやって何と借金証書を王様の目の前で燃やしてみせた。「なんという忠臣よ」と王様たちは感激した。借金で苦しむ王様たちは泣いて喜んだ。このようにして宮廷ユダヤ人たちは徴税請負人にもなった。

金融ユダヤ人たちは、こうやって、各国の国民を、借金の奴隷にしたのである。今の中央銀行がやっていることも同じだ。お札（紙幣）を政府にせびられて、最後は国民を大借金状態にする。
歴史的にユダヤ人と言えば、「因業金貸し業」を営んでいたというイメージだけが強い。だが、それよりさらに徴税請負人としての残酷な役割を担ってきた面が重要なのだ。
（副島隆彦『世界覇権の大きな真実』ＰＨＰ研究所、２０２１年、55－57ページ）

副島先生の説明を読むと、銀行家と王様のやりとりが目に浮かびます!! こうして金貸しどもは借金と税金で全人類を奴隷にすべく、次から次に戦争や革命を起こしていきました。

Q アメリカ独立を支援したフランス王室への懲罰――フランス革命

フランス革命は、マリー・アントワネットの浪費に国民が怒って起こした革命だと伝えられていますが、これも、カバールの作り話です。実際は、英国のアメリカ独立反対勢力が銀行家と組んで、アメリカを支援したフランス王室に復讐し罰するために仕組んだものでした。

１７８３年にフランスがアメリカの独立を承認した後、東インド会社などの貿易で巨大な富を築いていた英国は、フランスと自由貿易協定を結び、フランスの製造業を潰しました。スイスや英国の銀行家が〝経済立て直しを助ける〟という名目でフランスに乗り込み、緊縮経済を説き、すでに貧しいフランスの庶民にさらなる節約を要求。この協定には、「フランスが余剰穀物を保管することを禁じる」という条項も含まれていて、金持ちの英国がフランスの穀物を買いあさりました。1788年6月にフランスが大嵐に襲われて作物が全滅。フランス庶民が飢餓に苦しむ中、フランス王は英国から穀物を買おうとしましたが、英国は販売を拒絶。

1789年7月14日、バスチーユを囲んでデモを行う飢えたパリ市民にフランス軍が発砲し、これがきっかけで革命が起きたのです。

冷静な目でこの協定を見直すと、フランスはいったいなぜこんな不平等協定を結んだのだろうか、と首をかしげざるをえません。恐らくフランスの政治家の中にカバール派に与して一儲けした人間が存在したか、あるいは、カバールに恐喝されていた人物がいたのでしょう。

不平等な自由貿易協定を結ばせて、経済を破綻させ、銀行家が乗り込んで経済を乗っ取り、ついでに国民の不満を煽って〝革命〟を誘発し、政権交代を敢行する――これは、まさにオバマがウクライナや中央アジア、アラブ諸国で実行したカラー革命ではありませんか!!

ナポレオンの戦争もロスチャイルド一族がナポレオン側とナポレオンと敵対する国々の両サイドに資金援助をして儲けました。

ナポレオンのエルバ島脱出を助けたのもフランクフルトからフランスに渡ったジェームズ・

ドゥ・ロスチャイルド（マイアー・アムシェル・ロスチャイルドの5男）でした。

英国に渡ったネイサン・ロスチャイルド（マイアー・アムシェル・ロスチャイルドの3男）は、英国政府に資金援助をしていました。早くて正確な情報の価値を理解していたネイサンは、部下にナポレオンの行動を見張らせ、ワーテルローの戦いでナポレオンが英国軍に負けたとき、英国軍の伝令より丸1日早くその情報を入手しました。ネイサンは英国の公債（戦時国債）を売り始め、これを見た投機家たちは英国が負けたのだと思って、公債を売りました。ネイサンは暴落した公債を買いあさって、ぼろ儲けをしました。

この後、多くの人々がネイサンの狡猾さと強欲を批判しましたが、そうした意見を言う人々は、「ユダヤ人差別だ！」として戒められました。この状況は今なお続いていて、2015年にも、『インディペンデント』紙が「〝ロスチャイルドがワーテルローの戦いで空売り（ショート・セリング）のようなことをしてぼろ儲けをした〟というのはユダヤ人差別だ！」という記事を書いています。

ロスチャイルド財閥を批判すると、すぐに「ユダヤ人差別！」と糾弾され、政財界、学界、芸能界から追放されてしまうので、誰もロスチャイルドを非難できないのです。

しかし、ロスチャイルドが本当にユダヤ人なのかどうか、疑問視する人も後を絶ちません。特にこのごろよく耳にするのは、ロスチャイルドは9世紀にユダヤ教に改宗した振りをした残虐な悪魔崇拝民族のハザール人だ、という説です。

フランス革命は、アメリカ独立を支援したフランス王室を罰するために英国が仕組んだ！

1789年7月14日、バスチーユ監獄

ルイ16世の処刑
1793年1月21日、コンコルド広場

ハザールは、7世紀から10世紀にかけて、カスピ海北部、コーカサス、黒海沿岸に存在した遊牧民族の国家です。ハザール人は極悪非道な民族で、旅人を襲って殺し、その人になりすまして悪事をはたらいていたので、ロシア皇帝から「改宗して改心しないと、おまえたちを潰す！」、と最後通告を突きつけられ、ユダヤ教に改宗した振りをしてヨーロッパに渡り、悪事を続けました。

ハザール人の支配層が8世紀にユダヤ教に改宗した、というのは、12世紀初頭にスペイン（当時はイスラム教徒が支配していた）で活躍したユダヤ人哲学者、イェフダ・ハレヴィが書いた『クザリ』（ハザール）という書物と、同じく12世紀のスペインで活躍したユダヤ人歴史学者、アブラハム・イブン・ダウドの『伝統の書』に記されています。

２００７年に発表された学術書、『ザ・ワールド・オヴ・カザールズ』（ハザール人の世界）にも、過去の文献からハザール人のエリートが8世紀にユダヤ教に改宗したことは間違いなく、ハザール人は野蛮人だと思われていた、と記されています。

ただし、アシュケナージのＤＮＡのテストでは、ハザール人が祖先だった可能性はほぼゼロに等しい、という結果が出ています。とはいえ、それは「ＤＮＡのテストを受けたアシュケナージの先祖はハザール人ではなかった」というだけのこと。ロスチャイルドがハザール人ではない、という証拠にはなりません。

ロスチャイルド一族がユダヤ人ではないくせに、ユダヤ人を装って、何か批判を浴びると「ユダヤ人差別」を隠れ蓑にして、あらゆる批判をかわしているとしたら、それはそれはお見事な処世術ではありませんか!!

第3章　カバールのヨーロッパ史　パート2

In war, truth is the first casualty.
Aeschylus
戦争の最初の被害者は真実だ。
アイスキュロス

Q セシル・ローズが作ったエリート結社、ラウンド・テーブル・グループ

1891年2月のある日、イングランドの3人の名士、セシル・ローズ、ウィリアム・ステッド、レジナルド・ブレットが、英国がアメリカを含む全世界を制覇するための策略を話し合いました。

セシル・ローズは、イギリス帝国の政治家。南アフリカでダイアモンドを含む鉱物の採掘で巨万の富を築き、ケープ植民地首相となった帝国主義者。南アの植民地を自分の名にちなんでローデシア（ローズの国。現ジンバブエ）と名づけました。

ウィリアム・ステッドは、当時のイギリスで最も有名だったジャーナリストで、霊媒師としても知られていました。彼が編集長を務めた『ポール・モール・ガゼット』紙は、英国のみならず、英語圏のすべての国々で発行され、世論を左右するほどの力を持っていました。

レジナルド・ブレットはヴィクトリア女王に信頼されていた政治家で、女王の死後は、エドワード7世、ジョージ5世の相談役になり、英国、および世界の政治に大きな影響力を及ぼしました。

ハーヴァード大学出身の歴史学者で、ジョージタウン大学の教授で、国防省コンサルタントを務めていたキャロル・キグリーは、近代史に関する学術書『ジ・アングロ・アメリカン・エスタブリッシュメント』の中で、この3人が実行した世界制覇作戦について詳しく説明しています。特に重要な部分をいくつかご紹介しましょう。

目的達成のために、イエズス会のような宗教を基盤とした組織を形成する。

この組織は、インナー・サークル（内輪）とアウター・サークル（外輪）の2部構成とし、内輪は〝ザ・ソサイアティ・オヴ・ジ・エリート（エリート結社）〟、外輪は〝ジ・アソシエイション・オヴ・ヘルパーズ（協力者連合）〟と呼ぶものとする。

ローズの組織はラウンド・テーブル・グループと呼ばれ、影響力を駆使して、権力が及ぶ範囲を広げ、世界を制覇するべく努力を重ねた。

ローズはロスチャイルドと親しく、ローズが創設したイギリス南アフリカ会社（植民地経営と経済搾取をするための会社）にロスチャイルドが深く関わっていた。

金鉱があるトランスヴァール共和国（オランダ系移民のボーア人が建国した国）を乗っ取るためにローズとアルフレッド・ミルナー（エリート結社のメンバーでイギリスのケープ植民地長官）がイギリス政府を説得してボーア戦争を起こさせた（１８８０年）。

ローズはアメリカが大英帝国から独立したことを非常に残念がり、アメリカを再びイングランドの傘下に組み込まなくてはならないと固く信じていた。

エリート結社の人間は、皆、スペイン、ポルトガル、フランス、ドイツを潰したいと思っていた。質の良いドイツの鋼鉄の略奪、という目的もあるエリート結社は戦争を起こしてドイツを破壊したかった。だが、ドイツ帝国のヴィルヘルム２世は平和主義者で、当時のドイツはイギリスの敵ではなかったので、イギリス政府を説得できなかった。

そこで、エリート結社は１８９９年に『ザ・タイムズ』紙の外信部長を解雇させて、同志のイグナティアス・チロルを後釜に据え、ことある度にドイツが邪悪だと指摘する記事を書き、読者を洗脳し、世論を戦争へと誘導した。さらに、政府に働きかけて１９０４年に同志のチャールズ・ハーディングをロシア大使に据え、ロシアから情報が取れるようにした。１９０５年には同志のエドワード・グレイを外務大臣に据えた。

フランスはアルザス・ロレーヌ地方をドイツから取り戻したいと思っていて、ロシアは当時バルカン半島で盛り上がっていた汎スラブ主義を支援する義務を感じていた。エリート結社は、汎スラブ主義支持者とオーストリア帝国が戦争を起こせば、同じドイツ語圏でオーストリアと一心同体のようなドイツを戦争に引きずり込めると確信していた。

1902年にセシル・ローズが死んだ後、ミルナーがこの組織を引き継ぎ、ミルナー・グループと呼ばれるようになった。

ミルナーは、下記の3つの手段で権力掌握を目指した。

1. 政治、教育、報道の分野に同志を潜入させる。
2. 優秀な男性をリクルートして、エリート結社の女性と結婚させ、社会的に高い地位や肩書きを与えて恩を着せる。
3. 大衆の目につかないように気を配りながら、社会政策に影響を及ぼせる地位にエリート結社の人間を据える。

ミルナー・グループからラウンド・テーブル・グループが派生し、それが現在の英国のシンクタンク、王立国際問題研究所（RIIA。通称、チャタム・ハウス）、アメリカのシンクタンク、外交問題評議会につながった。どちらも私設の組織であるにもかかわらず、政府の外交政策に大きな影響を及ぼしている。

セシル・ローズ（Cecil Rhodes, 1853-1902）が作った「ラウンド・テーブル・グループ」が、戦争を起こしてドイツを潰すことをずっと狙っていた。これが第１次世界大戦につながる。

セシル・ローズ

「ラウンド・テーブル・グループ」はローズの死後、ミルナー・グループに引き継がれ、そこから再び現代の「ラウンド・テーブル・グループ」につながる。

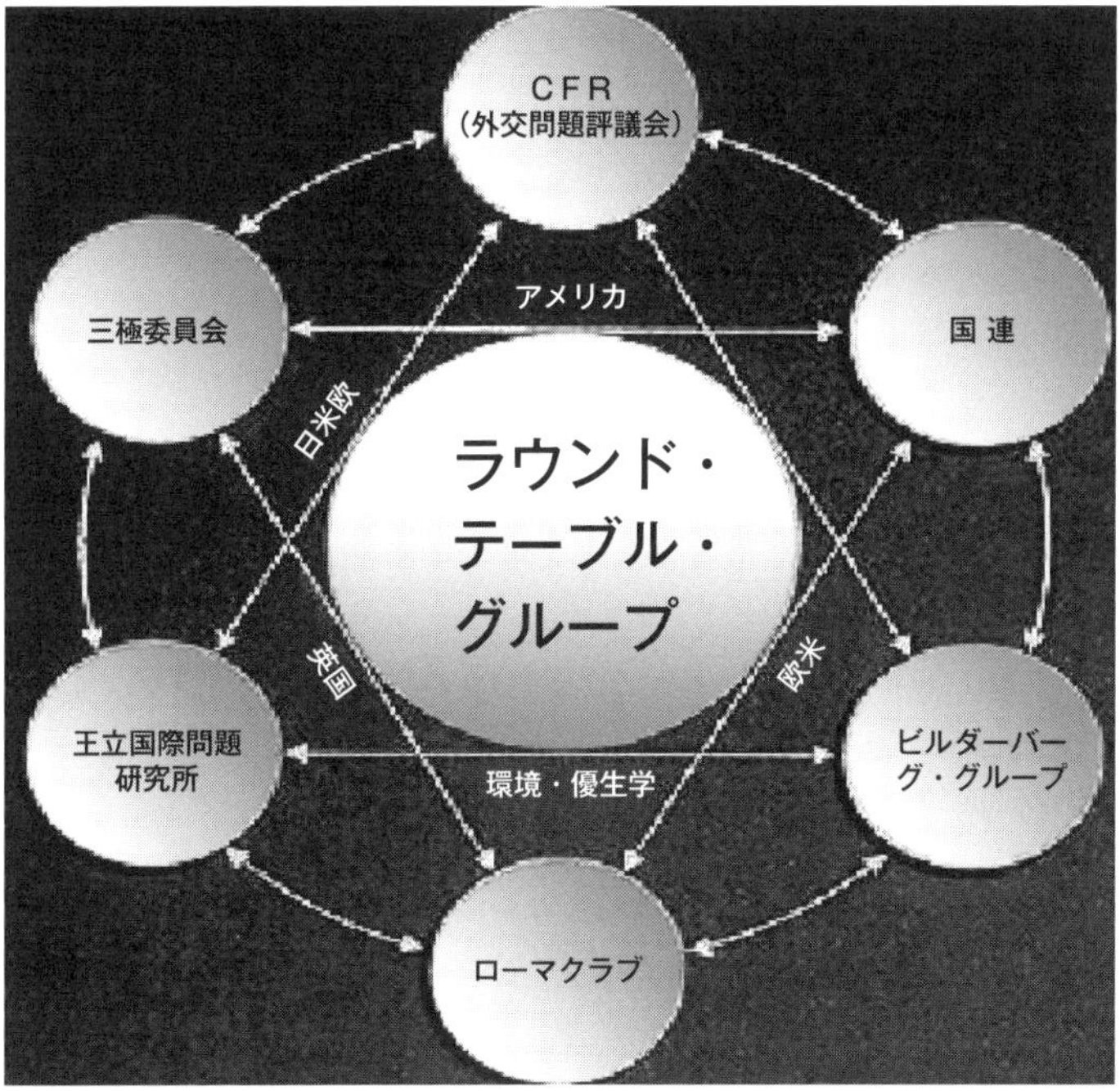

ラウンド・テーブル・グループ

CFR（外交問題評議会）

三極委員会

国連

王立国際問題研究所

ビルダーバーグ・グループ

ローマクラブ

アメリカ

日米欧

英国

欧米

環境・優生学

エリート結社は、1919年から1922年までの4年間を除き、50年以上にわたって『ザ・タイムズ』紙をコントロールし、1917年から1945年までアイルランド、パレスチナ、インドの政策を決め、1920年から1940年までの対ドイツ政策にも大きな影響を与えた。

Q ローズ奨学金はカバールの人材育成奨学制度

ブレットはヴィクトリア女王、次のエドワード王、そしてジョージ5世王の顧問のような存在だったので、ローズとミルナーの組織がカバールのトップに立つ英国王室の〝頭脳〟だったことは確かです。さらに、ローズ自身が個人的にロスチャイルドと親しかったので、このエリート結社、そこから生まれたチャタム・ハウス、外交問題評議会がカバールの執行組織であるディープ・ステイトの基盤となったことは間違いないでしょう。

ちなみに、ローズが作った奨学制度、ローズ奨学制度は、世界制覇達成の道具となり得る人材をリクルートして、さまざまな分野のリーダー、政治家、教育者、ジャーナリストに育て上げることを目的としています。

ローズ奨学金を受けたアメリカ人の中から、外交政策や世論形成に特に深く関わっている／

いた人物を挙げてみましょう。

ウィリアム・フルブライト　政治家になった後、フルブライト奨学金制度を創設。

ジェイムズ・ウールジー　クリントン政権のＣＩＡ長官

ウェスリー・クラーク　コソヴォを空爆したクリントン政権のＮＡＴＯ最高司令官

ビル・クリントン　大統領

ニコラス・クリストル　『ニューヨーク・タイムズ』記者

ジョージ・ステファノポロス　クリントンの広報官を経てＡＢＣニュース司会者

レイチェル・マドウ　ＭＳＮＢＣ司会者

スーザン・ライス　オバマ、バイデン政権の要人

ジェイク・サリヴァン　バイデン政権ＮＳＡ長官

ピート・ブティジェッジ　バイデン政権運輸省長官

彼らは皆、カバールの手下として、カバールに都合のいい政策を推し進め、カバールのプロパガンダを拡散しています。

Q いかにしてオーストリア皇太子は暗殺されたか

さて、次は、イギリスのエリートたちが大昔からロシアを敵視していたこと（拙著『ディープ・ステイトの真実』の第19章「ザ・グレイト・ゲーム」参照）と、ローズが作ったエリート結社の話をふまえて、日露戦争、ロシア革命、第1次世界大戦を見直してみましょう。

1904年、朝鮮半島と満州の権益をめぐる争いが日露戦争へ発展。ロスチャイルドのお仲間、ジェイコブ・シフが莫大なカネを日本に貸し付けて、日本が勝利を収めました。

日露戦争が勃発するや否や、ミルナー・グループは「ロシアと英国を敵対させるために、ドイツが日露戦争を仕掛けた！」と、根も葉もない偽情報を拡散。1904年にロシア海軍が過ってイギリスの漁船に発砲し死者が出たとき、『ザ・タイムズ』紙は「ドイツが発砲した」と、大嘘を報道して、ドイツに対する敵意を煽りました。さらに、ミルナー・グループの働きかけで、英国政府はロシアがスエズ運河を使えないようにして、ロシアへの石炭供給をカット。英国製の軍艦と石炭を日本に支給し、日露戦争で日本を勝たせることでカバールはぼろ儲けをしました。

この戦争のあと、ミルナー・グループはイギリス内閣、及び議会の上層部に浸透し、カバールの執行組織、つまりディープ・ステイトのリーダーになり、「ドイツがイギリスの植民地を乗っ取ろうとしている」という大嘘を広め続け、ドイツに対する敵意と恐怖心を煽り続けました。

1914年、第1次大戦のきっかけとなったサラエボ事件が起きました。

第1次世界大戦は、セルビア人民族主義者がオーストリアの皇太子を射殺したことがきっかけとなって始まりました。これは確かに史実ですが、オーストリアのフランツ・フェルディナント皇太子が撃たれた経緯があまりにも奇妙すぎるのです。

20世紀初頭　オーストリア皇帝のフランツ・ヨーゼフ1世は、セルビアの民族主義運動を鎮圧したいと思っていましたが、フランツ・フェルディナント皇太子は、さまざまな民族の自治権を拡大する方針を望んでいました。

そもそもフェルディナントは、皇帝の弟の息子で、正式な皇位継承者ではありませんでした。1889年に皇帝の息子であるルドルフが妻ではない女性と心中したため、25歳の時に急に皇太子という地位が振りかぶさってきたのです。フェルディナントは、皇位継承者になった後も〝由緒ある王族との結婚しか認めない〟というハプスブルク家の伝統を無視して、爵位さえも持たない貴族の娘、ソフィと結婚する、と主張。皇帝は激怒したものの、ソフィが後続特権をすべて破棄し、子どもに皇位を継承させない、という条件付きで、1900年にしぶしぶ結婚を認めました。しかし、その後もずっと皇太子と皇帝は関係を改善できないまま、政治の方針でも常にいがみあっていました。

1914年6月28日、フェルディナント夫妻は皇帝に命じられて、セルビア人の民族自決運動で揺れるサラエボの軍事演習視察に出かけます。

19世紀末期以降、バルカン半島全体が汎スラブ主義（スラブ民族の連帯と統一を目指す運動）で盛り上がっていて、オーストリア帝国を敵視していました。それにもかかわらず、フェルディナント夫妻はオープン・カーに乗り、前後に5台の車を従えてあらかじめサラエボの住人たちに公表したルートを予定通りに進みました。これでは、まるで「暗殺してください！」と頼んでいるようなものです。

公表されたルートの道ばたには、爆弾と銃を持った複数の暗殺者が待機し、そのうちの1人が投げた爆弾は、オープン・カーの後部に当たって道路に落ち、後に続いていた車の下で爆発。オープン・カーの運転手はルートを変え、皇太子夫妻を市庁舎に連れて行きました。皇太子はそれ以降のスケジュールをすべてキャンセルして、爆弾で負傷した付き人を見舞うために病院に行くことにしました。しかし、運転手が道を間違え、暗殺者の1人、プリンツィップがいたデリカテッセンの前を通り、プリンツィップが皇太子夫妻に1発ずつ発砲し、数時間後に2人は亡くなりました。

オーストリアを憎む汎スラブ主義が民族運動を繰り広げるバルカン半島での軍事演習視察に皇太子を派遣する、という企画はいったい誰が立てたのでしょうか？　テロの危険を顧みずに、ルートをあらかじめ公表した道路をオープン・カーで走るなんて、正気の沙汰ではありません。道を〝間違って〟〝偶然にも〟暗殺者がいるデリカテッセンの前を通った運転手は、いったい誰が雇ったのでしょうか？

〝偶然〟や〝愚行〟が積み重なって第1次世界大戦が起きたのだとしたら、カバールは運勢の強いラッキーな人々の集団だ、としか言いようがありません。

Q ルシタニア号は〝客船〟ではなかった

第1次世界大戦勃発後、カバールはアメリカをこの戦争に引き込もうと画策。

まず、1914年8月に戦争プロパガンダ事務局（通称ウェリントン・ハウス）を設立。そこにアーサー・コナン・ドイル、トーマス・ハーディ、H・G・ウェルズ、ルドヤード・キプリングなどの著名作家を集めてプロパガンダを制作。それを新聞王のノースクリフ子爵が拡散し、政治家のジェイムズ・ブライス、歴史家のアーノルド・トインビーなどの著名人が検証して

「事実である」と太鼓判を押しました。

ウェリントンハウスがばらまいた作り話の中から、特にひどいものをいくつかご紹介しましょう。

ドイツ占領下のベルギーでベルギー人が飢え死にしている。

ドイツ兵はベルギー人女性を丸裸にしてレイプし、胸を切り落とし、子どもたちの手を切断している。

ドイツ兵がベルギー人の赤ちゃんたちを次から次に銃剣で刺し殺している。

これらの大嘘は、挑発的な挿絵付きでヨーロッパ諸国、およびアメリカに〝ニュース〟として配信され、正義感の強いアメリカ人は「残虐なドイツ兵から女性と子どもを救うために戦わねばならぬ！」と思い始めました。

1915年、カバールは、またしても幸運に恵まれました！

イギリス船舶の〝豪華客船〟ルシタニア号がドイツのUボートに攻撃されて沈没（5月7日）し、1198人が死亡。その中の128人がアメリカ人だったため、アメリカの世論が参戦に傾いたのです！

ドイツは、「ルシタニア号は客船ではなく、軍需品を輸送していた」と主張しましたが、カバールが支配する英語圏の新聞は〝嘘つきドイツ〟を糾弾し、ドイツへの敵意をさらに煽りました。

20世紀後半になって世界が平和になった後も、ドイツの主張に賛同する人は、大手メディアから「陰謀論者!」と非難されました。

1972年に、当時『ロンドン・サンデイ・タイムズ』紙のコリン・シンプソンが書いたノン・フィクション『ルシタニア』には、ルシタニア号が銃、兵器、火薬を搭載していた証拠が載せられていたにもかかわらず、やはり「陰謀論」として激しく非難されました。

しかし、2014年、「ルシタニア号は実は貨物船の役割も果たしていて爆薬を輸送していたことを、イングランド政府がひた隠しにしていた」という事実が発覚しました。

ルシタニア号沈没が、カバールの偽旗作戦(「ルシタニア号は爆薬を積んでる」という情報をカバールがドイツに流して、わざと沈没させた)だったとしても、もう誰も驚きはしないでしょう。

Q ロシア皇帝の富を奪うためにレーニン、トロツキーを支援したカバール

第1次世界大戦中、英国とロシアは同盟国でした。カバールはレーニンとトロツキーを支援してロシア皇帝を倒そうとして画策していました。

ロシア革命は、世界史の教科書では「専制君主打倒、戦争反対を訴えて民衆が蜂起した」と

されていますが、それはちゃんちゃらおかしいカバールの作り話です。

実際は、カバールが仕組んだレジーム・チェンジでした。英国王とエリート結社の連中は、アメリカの独立を支援したロシア皇帝を心の底から憎み、銀行家軍団はロシアの経済を乗っ取りたかったので、革命をでっち上げよう、という計画を立てました。

レーニンもトロッキーも、ロスチャイルドやロックフェラーなどの銀行家たちの資金援助を受けていました。ドイツ、スイス、ロンドンなどで暮らしていたレーニンはロスチャイルドの支援を受けて、レクチャーをし、パンフレットを書き、同志を増やしていきました。トロツキーは、日本に融資したジェイコブ・シフやロックフェラー、J・P（ジョン・ピアポント）・モルガンなどの資金援助を受けてフランスからニューヨークに渡り、マンハッタンで運転手付きの生活をしながら、演説の原稿やパンフレットを書いていました。

日露戦争で捕虜になったロシア兵は、レーニンやトロツキーの書いたパンフレットを読んで、共産主義の洗礼を受け、戦後はロシアに帰って、ボリシェヴィキのリーダーになりました。

シフやロスチャイルド、ロックフェラーがロシア帝国を倒したかった真の理由は、ロシアの天然資源と経済を乗っ取るためでした。レーニンやトロッキーを利用して、資金援助をして恩を着せ、彼らのどちらかがリーダーになった時点で、自分たちに都合のいいビジネス契約を結んで、甘い汁を吸おう、と企んでいたのです。

ジェイコブ・シフ、ロスチャイルド、ロックフェラーはなんとしてもロシア帝国を倒して、ロシアの天然資源と経済を乗っ取りたかった。

彼らはレーニン、トロツキーに資金援助して、二人のどちらがリーダーになっても自分たちの言うことを聞くように周到に準備していた。

ウラジーミル・レーニン
（1870 - 1924）

ジェイコブ・シフ
（1847 - 1920）

レフ・トロツキー
（1879 - 1940）

1913年に銀行家軍団の献金で大統領になれたウッドロー・ウィルソンも、カバールに頭が上がらないので、トロツキーにアメリカのパスポートを与えて、安全にロシアに帰れるように手配しました。

さらにウィルソン大統領は、レーニンがロスチャイルドにもらった資金を使い果たしてしまった後、アメリカの1億ドルの特別軍事予算の中から2000万ドルをレーニンに送金しました。

ミルナー・グループもロシアにエージェントを派遣して、ロシア兵にカネを渡し、ロシア軍の士官に逆らわせていました。このカネは、当時ロシア大使だったサー・ジョージ・ブキャナン経由で支給されました。

アメリカの銀行家たちもウィルソン大統領の協力を得て赤十字を買収。ニューヨークの大銀行の職員や家族たちが赤十字の隊員を装ってロシアに渡り、赤十字の制服を着て人助けをする振りをしながら、ロシア兵に金を渡して1917年10月の反乱を起こさせました（ボリシェヴィキ革命）。

ソロスが暇人たちにカネを渡して反トランプ・デモに参加させる、という手は、ミルナー・グループが大昔から使っていた扇動の常套手段だったわけです。

こうして、資本主義大国アメリカの大統領、資本主義者の銀行家たちの全面的支援を得て、ロシア革命が起こされ、共産主義国家が誕生しました。

革命が成功した後、ロスチャイルドたちは、ロシア皇帝がヨーロッパとニューヨークの銀行に預けていた10億ドルを手に入れました。

Q ナチスを支援したブッシュ家、ロックフェラー一族、ダレス兄弟

第2次世界大戦も、もちろんカバールが仕掛けた戦争でした。

第1次世界大戦に負けたドイツ帝国はヴェルサイユ条約で解体され、1919年にヴァイマル共和国が誕生。

1320億金マルクという天文学的な賠償金を要求され、ドイツ経済はハイパーインフレイションになりました。

この苦境を乗り切るためにドイツのラーテナウ外務大臣と、ソ連のチチェーリン外務人民委員が1922年4月16日に「両国間の賠償金や領土返還をやめて経済や軍事面で協力する」という主旨のラパッロ条約を締結。これが軌道に乗れば、ドイツ経済は上向きになるはずでした。

しかし、6月24日にラーテナウが暗殺されてしまいました。

国民が苦況にあえぐ中、1933年にヒットラーが首相になり、ドイツ国会議事堂が〝オラ

ンダ人の共産主義者〟に放火され、当時支持率が高かった共産主義への反感が高まってヒットラーが全権を掌握し、ヒットラーを支援していた欧米の銀行家たちは大喜びしました。国会議事堂火災はもちろんナチスが仕組んだグラディオでした（グラディオとは、ソ連、ロシア、アルカイダ、ネオナチ、トランプ支持者など、自分の敵に罪をなすりつけて戦争、テロ、暴動を煽動する偽旗(にせはた)工作のことです。詳しくは拙著『ディープ・ステイトの真実』をご参照ください）。

ナチスは目を見張る経済発展を遂げましたが、これはひとえにプレスコット・ブッシュ（ジョージ・W・ブッシュの祖父）、ハーバート・ウォーカー（プレスコットの義父）、ロックフェラー一族、後にCIA長官になったアレン・ダレスと兄のジョン・フォスター・ダレス（当時ウィルソン大統領の顧問、後にアイゼンハワー政権の国務長官）、J・P・モルガン、ブラウン・ブラザーズ・ハリマンなどの銀行が莫大な資金援助をしたからでした。

彼らは、ドイツの軍需産業や通信関連産業に巨額の投資をしてぼろ儲けをしました。

ブッシュとダレス兄弟はドイツの鉄鋼王フリッツ・ティッセンと共謀して、ロッテルダムとニューヨークに銀行を設立し、ナチスの奴隷労働で儲けた金の洗浄もしていました。

飛行船ヒンデンブルク号炎上事件（1937年5月6日）は、炎上はアメリカの仕業と見せかけてドイツにアメリカを攻撃させ、アメリカを第2次世界大戦に巻き込むためのグラディオでした。仕掛け人は、プロ野球選手でスパイでもあったモー・バーグで、4人の工作員と共に着陸地点の周囲の木々の陰に隠れて待ち伏せし、飛行船が近づいたときにライフルで発火性のある特別な銃弾を撃ち込んで炎上させました。

モー・バーグがＯＳＳ（戦略情報室。ＣＩＡの前身）のスパイだったことは日本でも知られているようで、日本語のウィキペディアにも、彼が東京でスパイ活動をして撮った写真に関して、こう記されています。

「日米野球のためメジャーリーグ選抜の選手として訪日した際、（１９３４年）11月29日に大宮球場で開催された試合を欠場して、ジョセフ・グルー駐日アメリカ合衆国大使の娘を見舞うと偽って東京・明石町の聖路加国際病院へ向かい、その屋上から東京市街一円を16ミリカメラで撮影した。この時に撮影された映像は第２次世界大戦中の１９４２年に行われたドーリットル空襲に利用された」

真珠湾攻撃（１９４１年12月８日）も、もちろん日本軍の〝奇襲〟などではなく、アメリカ参戦誘発のためのグラディオでした。

ルーズヴェルトは日本軍が真珠湾を攻撃することを知っていました。真珠湾に待機していた戦闘機は、なぜか内陸に鼻先を向けて停めてあったため、すぐに飛び立てませんでした。これは被害を最大にするための策略だったとしか思えません。

ルシタニア号とまったく同じで、アメリカ人が被害にあった！と騒いで、反感を煽り、戦争賛成派を増やす世論操作をする、というのはカバールのお家芸です。

Q 戦後、ナチスはアメリカで生き残る

第2次世界大戦終了後は、アメリカの諜報機関がナチスの優秀な科学者たちをアメリカに迎え入れました。これはペイパークリップ作戦と呼ばれていました。この作戦で約1600人のナチスの科学者・医師とその家族が新しい身分証明書をもらってアメリカに移住して、ナチス時代にやっていた研究を続けました。

ナチのロケット設計者だったクルト・ハインリヒ・デビュスとヴェルナー・フォン・ブラウンは、それぞれNASAの局長、マーシャル宇宙飛行センター所長に就任し、アポロ計画を初めとする宇宙開発計画を指揮しました。

人体実験や洗脳実験をしていた医師や心理学者も、後にCIAが行ったMK（エムケイ）ウルトラ洗脳実験などに関わった、と言われています。これはCIAがすべての記録を廃棄してしまったので、残念ながら証拠は残っていません。

終戦後、CIA、NATO、西側の諜報組織は、社会主義派や愛国派の政治家が台頭する度にグラディオ（自分たちが犯した罪をカバールの敵になすりつける偽旗工作）を行って暗殺しまし

た。ＩＭＦと世界銀行に逆らったために暗殺された、あるいは〝事故死〟した人々の中から、フレッチャー・プラウティ元空軍大佐（ケネディ時代の国防省統合参謀本部の一員）が「ＣＩＡ、ＮＡＴＯに暗殺された可能性が非常に高い」と言っている要人をご紹介しておきましょう。

１９６２年、イタリア国営石油会社社長エンリコ・マッテイ　イタリアが外国にエネルギーを依存する政策に反対し、〝飛行機事故〟で死亡。

１９７９年、パキスタン人民党創立者ズルフィカーリ・アリー・ブット元首相　パキスタン政府の債務免除を国際社会に訴えたので、カバール派に政敵暗殺容疑をかけられ、処刑された。

１９８４年、インド首相インディラ・ガンジー　同じく債務免除に向けた方針を提案した後、シーク教徒のボディガードに殺された。

１９８６年、スウェーデン首相オロフ・パルメ　大企業の国営化を図ったので、スウェーデン人に殺された。

１９８９年、ドイツ銀行会長アルフレート・ヘアハウゼン　旧東ドイツの国営企業の急激な民営化に反対し、ポーランドの債務免除を提案した。その４日後、道ばたに仕掛けられた爆弾で死亡。大手メディアは旧東ドイツ秘密警察の犯行、と報道。

１９９１年、ドイツ社会民主党政治家デトレフ・ローヴェッダー　旧東ドイツの国営企業を一気に民営化することに反対して銃殺された。犯人はドイツ赤軍とされているが、使われた銃はＮＡＴＯ軍が使っている機種だった。

ちなみに、１９７８年に元イタリア首相アルド・モロが共産党と連立政権を作ろうとして、グラディオで暗殺された経緯は、拙著『ディープ・ステイトの真実』で詳しく述べておりますので、是非お読みになってください！

第4章　カバールのアメリカ史　パート1

I believe that banking institutions are more dangerous to our liberties than standing armies.

Thomas Jefferson

銀行は常備軍よりも我々の自由に危害を及ぼす、と私は確信している。

トーマス・ジェファーソン（第3代大統領）

Q アメリカ中央銀行小史

植民地時代初期のアメリカでは、マサチューセッツ植民地で、民間の業者によって鋳造されたコインが通貨となっていましたが、コインの数が常に不足していました。そのため13植民地のそれぞれが紙幣を発行するようになったのですが、英国政府に禁じられました。

1775年に独立戦争が始まり、軍資金調達のために植民地政府、および大陸会議（独立派のリーダーたちの集団）が紙幣を発行。しかし、大量の紙幣を印刷してしまい、さらに、英国の工作員たちが偽札をばらまいたため、紙幣価値が暴落し、この紙幣は無意味なものになってしまいました。

1776年、独立宣言発布。

1783年、独立戦争が終わり、英国政府がアメリカの独立を承認。

1789年、ジョージ・ワシントンが初の大統領になり、財務長官には元銀行家のアレクサンダー・ハミルトンが就任し、私立の銀行を中央銀行として使う制度を提案（すでにこの時点で、アメリカの大手銀行はロスチャイルド財閥と深いつながりを持っていました）。州の自治権を重視する政治家たちに反対されたものの、連邦主義者（フェデラリスト）（中央集権主義者）のハミルトンの言葉巧みな説得により、アメリカ初の中央銀行、北アメリカ銀行が誕生しました。歴史家の中には、「Bank of North America 北アメリカ銀行、という名前が功を奏した。これがアメリカ全土を牛耳る銀行だとは思わなかった人もいたので、南部から激しく批判されずに済んだ」と分析している人も少なくありません。

1791年、合衆国憲法批准。

この年、北アメリカ銀行が請け負っていた中央銀行の役割が、新たに設立された第1合衆国銀行 the First Bank of the United States に移行されました。

北アメリカ銀行と異なり、こちらはいかにもアメリカ全体を仕切る銀行、という名称なので、農業従事者が多い南部のリーダーたちが、「商業が発展した北部のみが得をするシステムに決まっている！」と、大反対。ヴァージニア州出身のジェイムズ・マディソンと国務長官だったトーマス・ジェファーソンも強い不信感を表明しました（当時、ヴァージニア州は南部とみなされていました）。

しかし、またしても雄弁なハミルトンが説得工作を続け、「中央銀行として公認されるのは1811年までの20年間だけ、という制限付きで、期限が切れた後は連邦議会が更新するか否かを決める」という条件付きで、中央銀行制度が公認されてしまいました。

そして、20年後の1811年、賛成票と反対票が同数となり、ジョージ・クリントン副大統領が反対票を投じて、第1合衆国銀行は消滅しました。

この20年間で、小売商の店主や酒場の主人たちが「中央銀行制度は私人の大銀行家たちが勝手に紙幣を印刷してカネを貸し付け、国民を借金漬けにして利子を貪り、返済できない人間の家や土地を奪う悪徳商法だ」と気づいたからです。

カバールは金づるを失って、さぞやガッカリしたことでしょう。

しかし、次の年（1812年）、米英戦争（英国の植民地であるカナダ、さらに、英国と同盟を結んだネイティヴ・アメリカンの部族と戦った戦争）が起きて、アメリカ政府はまたまた軍資金が必要になりました。

1814年には、ホワイトハウスと議事堂が英国軍に焼き討ちに遭う、という惨事も起きてしまいました。

1816年、経済立て直しのためにも莫大な資金が必要となったアメリカで、またしても中央銀行制度を復活させようという動きが起きました。議会に5回も再生法案が提出され、3回は否決され、2回は通過してマディソン大統領が拒否権を発動しました。6回目に議会を通過した後は、マディソンも抵抗するのを諦めて、第2合衆国銀行が誕生してしまいました。ただし、この銀行も、第1合衆国銀行と同じで、公認期間は20年、という期限付きでした。

当時は、まだ世論調査などなかったので、中央銀行制度がどれほど国民から支持されていたのか分かりませんが、賛成票を投じた議員たちがカバールから賄賂をもらっていたことは容易に想像がつきます。第1合衆国銀行の更新が否決された次の年に戦争が始まった、というタイミングも、カバール・ウォッチャーにとっては非常に興味深いですよね！

1819年、戦後の経済復興のために第2合衆国銀行は莫大な貸し付けをします。ちょうどこの時期に貿易赤字が急増し、中央銀行は信用収縮せざるを得なくなり、小さな店や町の銀行が倒産し、借金が返済できず家を売らざるを得ない人々が続出しました。

当時の不動産の記録はほとんど保管されていないので証拠を挙げることはできませんが、一般人の災いを転じて福となすのはカバールのお家芸ですから、この経済破綻を利用して物件を買いあさって儲けた銀行家がたくさんいたに違いありません。

1825年にもラテン・アメリカへの投機が原因で株価が大暴落し、ロンドンだけでも6行の銀行が潰れ、フランスやアメリカにも被害が及びました。しかし、ロスチャイルド一族が〝自腹を切って〟バンク・オヴ・イングランド（BOE。英国の中央銀行）とバンク・ドゥ・フランス（フランスの中央銀行）に融資して、倒産の危機から救いだしました。

ロスチャイルドは、投機で儲ければ自分の手柄。投機で失敗しても、暴落した株を買いあさって儲けるか、自分で自分の銀行を救って英雄扱いされるのです！

Q 中央銀行を潰したアンドリュー・ジャクソン第7代大統領

1829年、米英戦争で活躍した軍人、アンドリュー・ジャクソンが第7代大統領に当選。ジャクソンは、トーマス・ジェファーソンの信奉者で、州の自治権を重んじ、小さな政府を好んでいました。だから、州が独自の財政政策を行うことを妨げて一般庶民の福利を重視しない中央銀行制度を嫌っていました。

ジャクソンの第1期の最後の年、つまり大統領選の年である1832年、対立候補のヘンリー・クレイは、第2合衆国銀行の存続を選挙の争点にしよう、と企てます。

そして、第2合衆国銀行の公認期限が切れるのはまだ4年も先であるにもかかわらず、陰で画策し、議会に公認期間を更新させました。思惑通り、ジャクソン大統領は拒否権を発動。それまでは、違憲と思われる法案のみに拒否権発動が許される、という暗黙の了解があったため、ジャクソンの行為は、型破りで不遜な態度だと思われ、クレイと中央銀行賛成派は、これでジャクソンを倒せる、と信じました。そして、カバールが大金を投じてクレイを支援したため、ジャクソンは副大統領のヴァン・ビューレンに、"The Bank, Mr. Van Buren, is trying to kill me. But I will kill it."「ヴァン・ビューレン君。銀行が私を殺そうとしているが、私が銀行を殺してやる」と言った、と伝えられています。

当時、大統領は再選キャンペーンで地方を遊説することはめったになかったのですが、ジャクソンは積極的にワシントンの外に出て選挙活動を行い、「中央銀行制度は銀行家と金持ちばかりが得をして一般庶民は損をするだけだ！」と、自分が庶民の味方であることを力説。この作戦が功を奏して、ジャクソンは大勝利を収めました。

ジャクソンは、4年後の1836年に自分の任期が切れた後に議会が再び更新を要請する前に、第2合衆国銀行を叩きつぶそう！、と決意しました。

そして1833年、ジャクソンはルイス・マクレーン財務長官に「第2合衆国銀行に預けられている金をすべて地方銀行に移せ」と命じます。マクレーンがジャクソンの指令を無視したので、ジャクソンはマクレーンを解任し、ウィリアム・デュアンを財務長官に据え、同じ命令を下しますが、デュアンも逆らったため、ジャクソンはデュアンを解任して、ロジャー・テニーを財務長官に任命。3度目の正直で、テニーがジャクソンの命令を執行しました。

半年後、議会は譴責(けんせき)決議を採択したので、ジャクソン大統領は譴責処分を受けた最初の大統領になりました。しかし、すぐに第2合衆国銀行は破産し、1834年、議会は132票対82票で、第2合衆国銀行の営業権更新を否決。

こうしてジャクソンは第2合衆国銀行を潰して中央銀行制度を破壊した最初の大統領になったのです。

ジャクソンは、さらに、肥大化した連邦政府の縮小を図り、1万1000人いた連邦政府の役人のうち、2000人を解雇しました。

この経緯を知っていると、ドナルド・トランプ大統領がことある度にアンドリュー・ジャクソンを褒め、トランプの大統領応接室にいつもジャクソン大統領の肖像画が飾られていた理由が分かるでしょう。トランプは中央銀行FRBを潰す2番目の大統領になる決心をしていたのです！

カバールが反撃に出て、1835年1月30日にジャクソンの暗殺未遂事件が起きました。この日、ジャクソンは議事堂で行われた下院議員の葬儀に出席しました。議事堂からホワイトハウスに帰る道で待ち伏せしていたリチャード・ローレンスという男が、至近距離からジャクソンを拳銃で2度撃ちましたが、2回とも不発でした。すぐ近くにいたテネシー州選出の下院議員、デイヴィッド・クロケットが犯人を取り押さえ、ジャクソンは無事でした。この下院議員は、次の年、テキサス革命（テキサスがメキシコからの独立を目指して起こした革命）に参加して、アラモの砦で戦死し、デヴィー・クロケットという愛称で崇拝される英雄になりました。

犯人は精神異常者だった、ということになっていますが、犯人が友人に「俺は上層部の人間に守られている」と自慢した、と言われているので、カバールの仕業に違いないでしょう。

ジャクソンと第2合衆国銀行の戦いは、Bank War 銀行戦争と呼ばれています。この最中に第2合衆国銀行の頭取、ニコラス・ビドルは"Nothing but widespread suffering will produce any effect on Congress."「議会に影響を及ぼせるのは大規模な苦境だけだ」と発言しています。これこそがまさにカバールの本音です。

1834年に第2合衆国銀行が潰れた直後、アメリカ経済は大混乱に陥って、小さな地方銀行が潰れ、多くの人々が苦しみましたが、数年後には経済が安定しました。「大銀行の借金の奴隷になるよりはマシ」と考えた政治家が多かったため、その後77年に渡って、アメリカは中央銀行が存在しない真の独立国というステイタスを保ちました。

第２合衆国銀行を潰して中央銀行制度を破壊した最初の大統領アンドリュー・ジャクソン（第7代、任期 1829 - 1837 年）

怒れるカバールの反撃。1835 年 1 月 30 日、ジャクソン大統領は、議事堂からホワイトハウスに帰る道で待ち伏せしていたリチャード・ローレンスという男に、至近距離から拳銃で２発撃たれるが、２発とも不発。ジャクソンは無事だった。

リンカーン政権が紙幣を発行するまで、国家が発行するのは金貨と銀貨のみで、紙幣は国家からの公認を得ない私設の銀行が発行する、という状態が続きました。

しかし、その間もカバールは次々に戦争を起こしてアメリカを苦しめました。

Q 南北戦争——〝奴隷制廃止〟は人道派を装った嘘っぱち

1861年、南北戦争が勃発。

アメリカを筆頭に世界中の大方の人々が、これは「人権を尊重する北部の教養溢れる人々が、奴隷制度を廃止するために立ち上がり、奴隷を使っている南部の野蛮人を倒した戦い」だと思っていますよね。これも、もちろんカバールの作り話です。

戦争に至った最大の要因は、やはりおカネでした。

アメリカは建国以来、北部は金融と商業、南部は綿花生産、という構図になっていて、議員、政治家たちもこの2つの派閥に別れていました。長い間2者の勢力は拮抗していましたが、1846年に反奴隷制派（自由州と言います）のカリフォルニアが新たな州として合衆国に加わり、政治のバランスが崩れました。

この時点ですでに、奴隷がいなくなるとプランテーションを維持できない南部は脅威を感じ、南部の地位を強化するためには綿花の輸出を増大させて経済力を強化するしかない、と確信。政治家に働きかけて自由貿易法を制定させようとしました。一方、商人に不利となる自由貿易に反対する北部は、南部勢力を抑えるには奴隷の労働力を断つしかない、と思っていました。

アメリカの経済力が強大化することを恐れ、アメリカを分裂させたいと思っていたカバールは、待ってましたとばかりに、両者を援助。しかし、カネのために戦争を始めるのは、いかにも意地汚く節操がないので、世論を味方につけることはできません。そこで、北部の銀行家や資産家たちは、人権擁護を重んじる立派な人々が奴隷廃止のために戦争をする、ということにして、人道派を装って戦争を始めたのです。

プロイセン王国首相、オットー・フォン・ビスマルクは、南北戦争に関してこう語っていました。

「合衆国が2つの均等な連邦に分裂するのは南北戦争以前からヨーロッパの有力な資本勢力が決めていたことだ。銀行家たちは、合衆国が1つのまとまった国家であり続けて経済的、財政的に独立したら、自分たちの世界財政支配が妨げられる、と恐れていた。ロスチャイルドの声が響き渡った……故に彼らは使者を派遣し、奴隷問題を巧みに利用して、統合された国家の2つの派閥の間に亀裂を生じさせたのだ」

リンカーンは、恐らく本当に人権派で、彼にとってはカネは二の次だったかもしれませんが、動機がなんであれ結果は同じでした。

戦争にはカネがかかるので、リンカーンは国税庁の前身となる機関を設けて、初めて所得税を徴収。さらに、リンカーンは、ニューヨークの銀行からカネを借りようとしましたが、24～36パーセントという有り得ない利息を要求されたため、一時しのぎの苦肉の策として数年間だけ政府が紙幣を発行することになりました。

中央銀行を再開してアメリカを借金の奴隷にしたいカバールは、リンカーンを殺してやりたい、と思ったに違いありません。

南部を徹底的に壊滅させることを望む北部銀行家たちの画策で、戦争が必要以上に長引きましたが、南部のロバート・E・リー将軍が降伏して、1865年にやっと戦争が終結。

リンカーンはリー将軍に恩赦を与えた後、南部に何の罰も与えずに再びアメリカを統合する温厚な政策を採るつもりでいました。これは、北部の銀行家たちにとっては受け容れられないものでした。そもそも彼らが策略で、南部を破壊して自分たちの優位を確証するために戦争を起こしたのですから。

カバールは、当時〝人権派〟として有名だったペンシルヴァニア州選出の下院議員、タデウス・スティーヴンスの後ろ盾となり、スティーヴンスに「7万人の南部大富豪の財産を没収しよう」と提案させました。しかし、リンカーンにとりあってもらえませんでした。その後も、手を換え品を換え、リンカーンの説得を試みましたが、どれも失敗。

もう皆さんはご存じだと思いますが、それでもカバール関係者は皆、有り得ないほどの幸運に恵まれているのです！

1865年4月14日、フォード・シアターで観劇中、リンカーンは暗殺され、その後、南部は北部の軍事占領下に置かれて、北部の銀行家たちが南部に乗り込んでぼろ儲けしました。南部はこの後遺症に長い間苦しみ、アメリカではいまだに「南部＝貧困」というイメージから抜け出すことができずにいます。

リンカーンを撃ったジョン・ウィルクス・ブースの動機は、北部連邦を転覆させることだった、と伝えられています。これは、カバールお得意のプロジェクション（投影）で、北部銀行家たちが南部を破壊するためにブースを雇ってリンカーンを殺させた、と考えるほうが筋が通っているでしょう。

ちなみに、チェイス・マンハッタン銀行の〝チェイス〟は、南部破壊を強く支持したリンカーン政権の財務局長、サーモン・チェイスにちなんだものです。

Q ワシントンDC誕生

1871年、第18代大統領ユリシーズ・グラント政権1期目に制定されたコロンビア特別基本法で、ワシントン市、ジョージタウン市、ワシントン郡が一つの自治体として統合され、ワシントンDC（ディストリクト・オヴ・コロンビア。コロンビア特別区）が正式に誕生しました。

同法に、ワシントンDCは a municipal corporation である、と規定されています。たとえばシティ・オヴ・ロンドンの行政機関、City of London Corporation はシティ・オヴ・ロンドン自治体と訳されているので、ミューニシパル・コーポレイションは都市自治体、ということでしょう。同じく特別区域であるヴァチカンの正式名は Status Civitatis Vaticanae「スタートゥス・チヴィタース・ヴァチカネー」で、「ヴァチカン市国」と訳されています。

イギリス英語ではコーポレイションが自治体を意味することもありますが、アメリカ英語ではコーポレイションは「企業、法人、政府の団体」のことです。だから、アラスカ州最高裁判事のアナ・ヴォン・ライツ判事を筆頭に、アメリカ人の多くが「この法律によって、カバールがワシントンDCを企業体にして、アメリカの議員たちをその使用人にした」と信じています。

彼らは、これ以降のアメリカはカバールの支配下にある属国だった。しかし、トランプがFR

B連邦準備銀行を破産させ、第19代大統領として返り咲く、と確信しています。

1883年に、「政府の役人は試験で採用するので、政治的理由で解雇することはできない」と定めるペンドルトン公務員改革法が制定されました。当初は、この法律が当てはまる公務員の数が限られていましたが、20世紀後半以降は実に9割の公務員がこの保護下に入りました。そのため、カバールの手下が官僚上層部までを侵略し、連邦政府がディープ・ステイトの巣窟(そうくつ)と化しました。

Q 仕組まれた米西戦争

19世紀後期、アメリカはカリブ海や太平洋にあるスペイン領を我がものにしよう、と狙っていましたが、当時マッキンレー大統領（第25代大統領）は戦争に反対していました。

そのため、銀行家や軍部が当時の新聞王、ウィリアム・ランドルフ・ハーストや、『ニューヨーク・ワールド』紙の経営者だったジョセフ・ピューリッツァーと結託。この2人は、世論操作のために「スペイン人の警官がアメリカ人女性を裸にして身体検査をした！」などのフェイク・ニューズを挿絵付きで報道し続けました。

連日送り出されるこれらの偽情報でスペインに対する反感を煽ったおかげで、正義感の強いアメリカ人はすっかり騙されて、「キューバ独立を助けるためにスペインを叩かねばならぬ！」と信じ込みました。こうして、アメリカで戦争ムードが高まった時点で、カバールとディープ・ステイトは満を持してグラディオを展開。

１８９８年、アメリカの戦艦メイン号がキューバのハヴァナ湾で沈没しました。ハーストとピューリッツァーは「スペインが米軍の戦艦を沈めた！」と報道。“Remember the Maine! To hell with Spain!”「メインを忘れるな！　スペインを地獄に落とせ！」と韻を踏んだ文句を流行らせ、これが鬨の声となったので、マッキンレーも世論に負けてアメリカとスペインが戦う米西戦争が勃発しました。

スペインはすでに斜陽の帝国だったので、アメリカが勝利を収め、アメリカはキューバからスペインを追い出した他、スペイン領だったプエルトリコ、フィリピン、グアムを奪い取ることができました。

後に、メイン号は内部爆発のせいで沈没したことが分かりましたが、この事実は闇に葬られました。

ピューリッツァー賞は、カバールの宣伝塔として偽情報をばらまいたジョセフ・ピューリッツァーの遺言に基づいて１９１７年に設定されました。２０１７年にはロシア疑惑の大嘘を報道した嘘つき記者たちがピューリッツァー賞もらっているので、「偽情報拡散功労賞」と改名したほうがいいでしょう。

マッキンレーは、最終的にはしぶしぶディープ・ステイトの指図に従ったものの、何ヶ月にもわたって戦争を拒絶し続けていたので軍部から嫌われました。しかも彼は金本位制を導入したので、紙切れ（紙幣）を無尽蔵に印刷してアメリカを借金漬けにしたい銀行家たちからも憎まれていました。

1889年、副大統領のギャレット・ホバートが55歳でなぜか心臓病にかかって死亡。フィクサーたちの裏工作で、ニューヨークの銀行家たちと親密な関係にあったセオドア・ルーズヴェルトが副大統領に就任し、カバールが喜びました。

1900年の大統領選で、マッキンレー再選。

Q タイタニック号沈没で3人の中央銀行反対派が死んでいた

ところが、このあと1901年9月6日、マッキンレーはポーランド系アメリカ人のアナーキスト、レオン・チョルゴッシュに撃たれて、9月14日に死亡しました。チョルゴッシュが属していたアナーキスト集団の本部は、マンハッタンのロウアー・イースト・サイドにありました。トロッキーがジェイコブ（ヤーコブ）・シフの援助でリクルート活動をしていたのもロウアー・イースト・サイドでした。

こうして、セオドア・ルーズヴェルトが大統領になりました。彼は我が強く、カバールの言いなりになるような人間ではなく、当時多くの鉄道を経営していたJ・P・モルガンの活動を反(アンチ)トラスト法を使って制限し、企業の規制強化にも力を入れ、カバールをがっかりさせました。

1905年、J・P・モルガンが、ロスチャイルドに倣(なら)って、自分が起こした経済危機を自分が救う、という経済グラディオを展開。モルガンはドイツのドレスナー銀行と提携して資金をドイツに流しました。この2年後に銅山王と呼ばれたアウグスタス・ハインツがユナイテッド銅会社の買い占めに失敗し、取り付け騒ぎが悪化して多くの銀行が準備金(リザーブ)不足で倒産。

こうして経済恐慌に陥ったアメリカを、J・P・モルガンが〝自腹を切って〟救出しました。このとき銀行家たちが口を揃えて「中央銀行がないからこんなことになったのだ！」と力説しました。

J・P・モルガンとカバールのアメリカの一弟子であったジョン・デイヴィソン・ロックフェラー（初代）は、自分たちが牛耳る連邦準備銀行という私設の中央銀行を設立するための共謀事業にいそしみました。

断固として中央銀行設立に反対し続けた３人はタイタニック号沈没（1912年４月15日）でカバールに殺された

左から、ジョン・ジェイコブ・アスター、イジドー・ストラウス、ベンジャミン・グッゲンハイム。

３人をこの船旅に誘ったＪ・Ｐ・モルガンは、進水式に列席したあと、出発前に船旅をキャンセル。船には乗らなかった。

1997年のレオナルド・ディカプリオ版の映画『タイタニック』で、グッゲンハイムが救命胴衣を断るシーン。彼ら３人を英雄扱いすることで、この３人が中央銀行設立に大反対していた事実に目が行かないようにしている。（本文 147 ページ参照）

彼らはまず、政治家や有力者に働きかけて中央銀行導入賛成派を増やし、反対する人々を買収しました。

しかし、買収という手段が通じない3人の大富豪がいました。ジョン・ジェイコブ・アスター（ニコラ・テスラの友だち）、ベンジャミン・グッゲンハイム、大手デパート、メイシーズの社長、イジドー・ストラウスは、断固として中央銀行の設立に反対し続けました。

ちょうどこの時期（1911年）に、イギリスのホワイト・スター・ライン社が、世界最大の豪華客船タイタニック号の処女航海を発表。J・P・モルガンは、ホワイト・スター・ライン社の親会社である国際商船会社のオーナーの1人だったので、容易にチケットを手に入れることができました。彼は、アスター、グッゲンハイム、ストラウスの3人に「共に豪華客船の旅を楽しみましょう！」と、ファースト・クラスのチケットを同封した招待状を送りました。

モルガンはタイタニックの進水式には列席しましたが、出発の寸前に船旅をキャンセル。タイタニックが〝氷山に衝突して〟沈没し、アスター、グッゲンハイム、ストラウスは、大金持ちであったにもかかわらず、なぜか優先的に救命ボートに乗ることなく、タイタニックと共に海に沈んで死にました（1912年4月15日）。

これで中央銀行導入に文句を言える有力者がいなくなりました。

百年後の2017年、実はタイタニックは出帆する前にデッキの下で燃料である石炭が燃えて火事になる事故を起こしており、沈没するまで何日もずっと燃え続けていた、という事実が浮上。さらに、この事実はタイタニック沈没直後の調査ですでに明らかになっていたにもかかわらず、２０１７年まで大手メディアで報道されなかった、ということも分かりました。さらに、石炭が燃えさかっていた位置の鉄壁の外側が黒くなっている写真も発表され、氷山と衝突するずっと前の時点で、すでにこの火事が船体に大きなダメージを与えていたことが明らかになりました。

〝氷山に当たって沈没〟ということだと、作為的だと人々は思いませんが、出帆する前から船内で火事が起きていた、となると、沈没を謀った内部工作である可能性が一気に高まりますよね。だからカバールは、この事実をなんと１００年以上も隠蔽していたのです！

Q 連邦準備銀行（FRB）誕生

１９１２年11月の大統領選で、カバールの手下たちは自分たちが御しやすい民主党のウッドロー・ウィルソンに大金を投じ、さらに民主党議員たちにも大口の資金援助をして、ウィルソンを大統領に当選させ、民主党を上下両院で多数党にしました。

誰のおかげで当選できたのかを知っているウィルソン本人と民主党議員たちは、カバールの手下たちの指示に従い、議会で1913年12月23日に連邦準備制度法案を通し、連邦準備銀行（FRB）と名づけられたアメリカ史上3つ目の中央銀行が返り咲きました。

これ以来、カバールが合法的にアメリカの紙幣（ドル札）の発行権を有し、アメリカ経済はアメリカ政府ではなくてロスチャイルドやロックフェラー一族のような銀行家軍団の支配下に戻ってしまいました。

この中央銀行の仕組みを〝連邦準備制度〟、その執行機関を〝連邦準備銀行（フェデラル・リザーブ・バンク）〟と名づけたのは、英国の心理操作研究機関タヴィストック（157ページ参照）創設に関わった人々でした。カバールの巧みな命名が功を奏し、アメリカ人の多くは〝連邦〟という名に騙されて、連邦準備銀行が政府の機関だと信じ切っているのですから、もう笑うしかありません。

1913年、「連邦議会は所得税を賦課し、徴税する権限を持つ」と定めた憲法補正第16条が批准されました。それまでは、議会が所得税を国民に課す権限が大幅に制限されていたので、カバールは大喜びしました。

さらに、グローバリストのウィルソンは関税に大反対して自由貿易（フリートレイド）のすばらしさを唱え、インドの安い労働力で作られた英国製品（主に綿製品。南部の綿花生産に打撃を与えた）がアメリカに大量に流れ込みました。これがアメリカの中流階級没落の歴史の出発点となりました。

1915年、J・P・モルガンは、大手新聞社25社を買い占め、報道統制、世論操作に乗り出しました。
第1次世界大戦に参戦し、トロツキー、レーニンを助けて共産主義設立に深く関わったウィルソンは、ニュー・ワールド・オーダー（ＮＷＯ。新世界秩序）という標語を作って国際秩序を奨励して、１９２０年に今の国連の前身である、国際連盟を設立。カバールが目指す世界政府達成のための第1歩を踏み出しました。

これでカバールはグローバル化を推し進められると思った矢先、１９２０年の大統領選でウィルソンの後釜に据えようとしていた民主党のコックス候補が落選し、国際連盟に強く反対する共和党のウォレン・ハーディングが当選してしまいました。

ハーディングは１９２１年３月４日に大統領に就任するやいなや、国際連盟への加入を拒絶し、ワン・ワールド（世界政府）を目指すカバールの出先機関として１９２１年にアメリカに設立された外交問題評議会（ＣＦＲ）を激怒させました。

１９２３年８月２日、ハーディングはカキを食べた後、体調を崩して急死しました。57歳でした。

ハーディングの死後、ウォール・ストリートの資産家たちはさらに勢力を増し、外交問題評議会がアメリカの外交政策を操るようになりました。

それでも、アメリカが国際連盟の指示に従う、という概念は国民に受け入れられませんでした。副大統領から大統領に昇格したクーリッジも参加を拒絶し、その後もアメリカは遂に参加しないまま国際連盟は１９４６年に消滅しました。

Q 1929年大恐慌もカバールの仕業

続く１９２８年の大統領選で、個人の権利を重んじ政府肥大化に反対した共和党のハーバート・フーヴァーが勝ってしまいました。

カバールの理想郷は、一握りの支配層が富を独占し、99・99パーセントの平民は貧乏だが平等なので互いに嫉妬を感じず平和に暮らせる、という社会です。カバールは国民に社会主義化を売りつける。そのためには、彼らを苦しめて、政府の援助がないと生きていけない経済状況を作るしかない、ということを知っています。

そこで、カバールは、１９２９年に大恐慌を引き起こしました。

大恐慌（世界恐慌）は、１９２９年10月24日のニューヨーク株暴落で始まり（暗黒の木曜日（ブラック・サーズデイ））、その後10年続きました。大衆の投機ブームで上がった株が、ある日急に下がったのは、投資家たちの空売りが原因という説もあります。しかし、ある1日に起きた暴落が自然の株の変動の一環だったとしても、それを大恐慌にまで盛り上げたのはカバールの仕業でした。

まず、株価暴落の当日、たまたまマンハッタンを訪れていた、とされるコラムニストのウィル・ロジャースが、『ニューヨーク・タイムズ』紙に、「ウォール・ストリートは大混乱に陥り、失敗した投資家たちが窓の後ろに並んで順番を待って窓から飛び降り自殺をしていた」と報告。彼のコラムは数多くの地方紙にシンディケイテッド（共同配信）されていたので、4000万人以上の人々がこの記事を読みました。

イギリスからの特派員たちも、こぞって「ウォール街の道は死体でふさがれていた」とテレグラムを送りました。J・P・モルガンの傘下にある新聞社もその他の新聞社も、「少なくとも100人が自殺をした」、「飛行機や橋から飛び降り自殺をした人もいる」などのフェイク・ニューズを書き立てました。

こうして、世界中がパニックに陥り、投資をしていた人は皆すべてを売り払い、誰もが銀行から金を引き出そうとして、たった1日の株の暴落が、大恐慌へと発展してしまったのです。

さらに、連邦銀行はこの時、連邦準備制度の傘下（さんか）ではない小さな銀行の苦境を無視した。それだけでなく、経済専門家たちのアドヴァイスに逆らって貨幣収縮政策を採りました。このため、状況が悪化して、銀行の3分の1が倒産し、何百万人もが路頭に迷う、という悲劇になりました。

2002年11月8日、後に連邦準備制度理事会議長になったベン・バーナンキも、経済史の研究者として連銀の誤った対応が世界恐慌を招いたと批判しました。

カバールは、フェイク・ニューズと連銀を使って大恐慌を起こし、「人々が政府の助けを求めざるを得ない」という状況を作り上げます。

Q フランクリン・ルーズヴェルトと組んで社会主義化を推進

1932年のアメリカは、ようやく大不況からなんとか抜け出せる見通しがついた時期でした。

ところが、アメリカ人のほとんどが3年間も続いた大恐慌の経済的打撃と心理的なショックからまだ抜け出せず、彼らは「大きな政府が国民の面倒を見てくれる福祉国家」を求めるようになっていました。

これぞ、まさにカバールの望むところで、1932年の大統領選で、〝政府のカネばらまきおじさん〟の民主党のフランクリン・ルーズヴェルトが圧勝しました。

カバールは待ってましたとばかりに、ルーズヴェルトと組んで、政府が市場経済にイヤというほど干渉するニュー・ディール政策を展開。

社会保障制度を作って福祉に力を入れ、公共事業促進局や連邦住宅局などの新たな政府機関を設定し、失業者対策という名目の元に公共事業をやたら増やしました。連邦政府はあきれるほど肥大化し、民間企業にいちいち口を出す小うるさい役人がイヤと言うほど増えました。

国民の多くが政府依存症になり、政府の借金が増えて、カバールは狂喜乱舞しました。

さらに、ルーズヴェルトは金本位制(ゴールド・スタンダード)をやめて、国民が金貨や金塊を保有することを禁じ、人々から金(きん)を没収しました。これでカバールは、無尽蔵に紙幣という紙切れを印刷できるようになったのです。

1934年、第1次世界大戦での活躍で名誉勲章と海兵隊名誉勲章を授与されたスメドリー・バトラーが、下院議会で、「ルーズヴェルト大統領を失脚させてファシスト政権を樹立させようと企んでいるアメリカン・リバティ・リーグという組織の資産家たちに、軍の勇士を集めてクーデターを起こしてくれ、と頼まれた」と証言。

ルーズヴェルトが大企業を公営化するかもしれない、と恐れた財界名士たちが、軍人をそそのかして政権転覆を企んだ、ということなのです。アメリカン・リバティ・リーグには、ジェネラル・モーターズ会長や石油会社の社長、J・P・モルガンの顧問弁護士、大富豪のデュポン一族、元民主党大統領候補のアル・スミス、元ニュー・ヨーク州知事のネイサン・ミラーなど、政財界の名士が名を連ねていました。

下院の調査で、証拠はあった、ということになりました。しかし、この謀議に参加したとされる人々の名前は一部しか公表されませんでした。ルーズヴェルトは「経済が不安定なこの時期に政財界のトップに罰を与えることはアメリカに悪影響を及ぼす」として、クーデターを企てた人々を許し、「器が大きい人物だ」と褒められました。

この話は、今でも〝ルーズヴェルトの政治家としての資質と手腕のほどを物語る美談〟として扱われることが多いのです。しかし、クーデター未遂スキャンダルは、カバールとルーズヴェルトが仕組んだお芝居だったと考えるほうが理にかなっているでしょう。

ルーズヴェルトはカバールが望むアメリカの社会主義化を一気に推し進め、国民を福祉漬けにし、人々から金貨と金塊を奪い去った政治家です。カバールの手下である政財界の要人が、カバールの理想的な政治執行人であるルーズヴェルトを排除したい、と思うはずがありません。カバールとルーズヴェルトは、自分たちが裏でつるんでいる、ということから大衆の目をそらさせ、「ルーズヴェルトは庶民の味方！」というイメージを人々の脳裏に刷り込むために、一芝居打って、ルーズヴェルトが財界の敵であるかのように見せかけたのではないでしょうか？

英雄となったルーズヴェルトは、政府のさらなる肥大化を謀りました。しかし、過剰福祉に反対する保守派の最高裁判事たちに阻止されました。そこで、ルーズヴェルトは、それまで9人だった最高裁判事の枠を最高15人にまで広げ、6人の民主党派判事を送り込もうとしました。しかし、この策略は議会で否決されました。

80年後の今、２０２1年4月、バイデン政権が同じ手を使って最高裁のバランスを変えようとしています。

第5章　カバールのアメリカ史　パート2

We are at present working discreetly, but with all our might, to wrest this mysterious force called sovereignty out of the clutches of the local national states of the world. And all the time we are denying with our lips what we are doing with our hands.

Arnold Toynbee

我々は今、世界中の地域に存在する国家から主権と呼ばれる不可解な勢力を奪取するために、密かに、しかし全力を尽くして働いている。その間ずっと、自分たちの手の動きを口で否定しているのだ。

アーノルド・トインビー

Q カバールに殺された英雄パットン将軍

1945年12月21日、正式に第2次世界大戦が終わった約3ヶ月後、第2次世界大戦の英雄、パットン将軍が〝交通事故〟で亡くなりました。

独自の情報収集能力を駆使した戦術で知られるパットン将軍は、戦後、軍政司令官としてドイツに留まりました。連合軍の役割はドイツの復興だと思っていたパットン将軍は、ドイツの一般市民を支援する政策を目指していました。そのため、アメリカ政府からの「ドイツ市民の家をユダヤ人に渡せ」という命令に逆らい、大手新聞社から「反ユダヤ主義者！」と非難され、降格処分を受け、アメリカに戻って引退する決意を固めました。

しかし、帰国の前に不可思議な交通事故に遭い、怪我をして、12日後に死亡。検死は行われず、事故で負傷して死亡した、と発表されました。同乗者たちは無傷で、パットンの車に衝突したとされるトラックの運転手は尋問さえされませんでした。疑問を抱いた記者や歴史家もいましたが、この事故に関する記録が残されていなかったため、「交通事故で死んだ」という公式発表が史実として定着しました。

ところが、1979年になって、終戦直後にドイツでスパイをしていたダグラス・バザタが、「OSS（戦略情報局、CIAの前身）の命令で私がパットンを毒殺した」と告白。これを受けて、当時『ニューヨーク・タイムズ』紙の記者だったロバート・ウィルコックスが徹底的な調査を行い、OSS創始者のウィリアム・ドノヴァンが暗殺指令を出した、という多くの状況証拠を収集しました。

ニューヨーク出身のドノヴァンは、同じくニューヨーク出身のルーズヴェルトと個人的にも

第２次世界大戦の英雄パットン将軍はカバールに謀殺された！

ジョージ・パットン
（1885 - 1945）

当時のパットンを知る人々は、「パットン将軍は常に黒い手帳をポケットに入れていて、『退役後に私人になったら、この手帳に書いてあることをすべて暴露する』と言っていた」と言う。カバールに逆らう人間は、たとえ第２次世界大戦の英雄でも殺されてしまう。

非常に親しく、コロンビア・ロー・スクールのクラスメイトでもありました。彼は1916年にはロックフェラー財団の代表としてベルリンで働いていたので、ドノヴァンがカバールの手下であることは間違いありません。

当時のパットンを知る人々は、「パットン将軍は常に黒い手帳をポケットに入れていて、『退役後に私人になったら、この手帳に書いてあることをすべて暴露する』と言っていた」と語っています。残念ながらその手帳は行方不明になってしまいました。例えばプレスコット・ブッシュとダレス兄弟の資金洗浄の証拠とか、恐らくカバールにとって都合の悪いことが記してあったのでしょう。

カバールに逆らう人間は、第2次世界大戦の英雄でも殺されてしまうのですから、カバールの支配が延々と続いたのも納得できますよね。

Q コンゴ動乱、キューバ危機、ベトナム戦争

第2次大戦後のアメリカは、NATOとCIAのグラディオに明け暮れました。ここでは、前著（『ディープ・ステイトの真実』）で触れなかったグラディオの中から、主だったものをご紹介しましょう。

1960年、ベルギーからコンゴ共和国が独立。コンゴ南部の鉱物資源豊富なカタンガでベルギー王国の支援を受けたモイーズ・チョンベが、カタンガ独立を宣言しコンゴ動乱が発生します。その最中、コンゴ共和国首相でソ連寄りのパトリス・ルムンバが1961年1月17日、ベルギー人の将校に殺されます。

1961年9月18日、コンゴ共和国に平和を戻すために交渉を進めていたダグ・ハマーショルド国連事務総長が乗った飛行機が北ローデシアで墜落し、ハマーショルドは死亡しました。CIAは「KGBの仕業だった」と発表しました。ところが、2016年になって、CIA長官アレン・ダレスとMI5がルムンバ暗殺を計画していた、という記録が浮上。

1961年4月、ケネディ就任の3ヶ月後に起きたピッグス湾事件は、CIAの支援を受けた亡命キューバ人が共産主義部隊打倒のためにキューバに侵入した事件です。キューバと戦争を始めたいアレン・ダレスCIA長官が仕組みました。作戦は失敗し、これがキューバ危機を招き、ケネディはダレスを解任しました。

ケネディ暗殺（1963年11月22日）には、プレスコット・ブッシュの息子、ジョージ・H・W・ブッシュが関わっていました。せっかくキューバ危機が起きたのにソ連と戦争をせず、しかもCIAを解体しようとしていたケネディはカバールの敵でした。誰が共謀したかは、トランプ大統領が復帰後に明かしてくれますので、お楽しみに！

ベトナム戦争は、ケネディ暗殺の翌年、1964年8月2日、北ベトナム沖のトンキン湾で北ベトナム軍の哨戒艦艇がアメリカ軍の駆逐艦を南ベトナム軍の船と間違えて、魚雷を発射したことから始まりました。2日後、8月4日に、「米軍駆逐艦が攻撃された」という報告を聞いたマクナマラとリンドン・ジョンソンが、「北ベトナムのたび重なる攻撃に対処するために戦争を始める」と宣戦布告したのです。

これはもちろんグラディオでした。

2日に攻撃されたのは事実ですが、これは、そもそも米軍が南ベトナム兵を使って北ベトナム領域の島を攻撃していたからでした。4日の「攻撃された」という情報も、ワシントンに報告された複数の食い違う情報の中から開戦にとって都合のいい情報を選んだだけでした。2005年に開示された記録で、8月4日は天気が悪く高波で、駆逐艦のレーダー技師が波を敵船と読み違え、NSAが傍受した通信が誤訳、曲解されていたことが分かった他、マクナマラもジョンソンも「北ベトナムは防衛のために発砲しただけで戦争をする意志はない」と知っていたことも明らかになっています。

ベトナム戦争中、CIAはアメリカに送還される戦死した兵士たちの死体袋（ボディバッグ）や棺桶にヘロインを隠して密輸を続けてぼろ儲けをしていました。このカネは非公認の工作を行い、カバールのために政治家や判事を買収するための資金となりました。

ベトナム戦争が延々と続いたのは、CIAが楽に麻薬を密輸できる手だてを失いたくなかったからです。

ベトナム戦争以降、アメリカでは麻薬中毒者、麻薬関連犯罪の数が激増しました。

Q ウォーターゲート事件も仕組まれたグラディオ

1972年に起きたウォーターゲート事件は、ニクソンを失脚させてから、ネオコンのジョージ・ブッシュを大統領にするための長期計画の第1歩として仕組まれたグラディオでした。

ウォーターゲート・ホテルに侵入した5人のうちの2人は元CIA、3人はキューバ系で、そのうちの1人はピッグス湾事件に関わっていました。さらに4人はケネディ暗殺にもなんらかの形で関わっていたと見られています。

ニクソン大統領は、CIAもFBIも信用せず、独自の諜報機関を作ろうとしていました。

これだけでもカバールにとっては許し難い行為です。ニクソンはさらにソ連とのデタントを実現させました。これはソ連の脅威を煽ってグラディオを続けたいＣＩＡを激怒させました。つまり、ニクソンはカバールの敵だったので、ウォーターゲート・スキャンダルをなすりつけて失脚させられたのです（１９７４年8月9日）。

ウォーターゲート事件を〝スクープした〟とされる『ワシントン・ポスト』紙の記者、ボブ・ウッドワードは、その後、ジャーナリストの鑑（かがみ）として崇拝されています。しかし、ＦＢＩの通訳から密告者になったシベル・エドモンズは、ウッドワードはＣＩＡの工作員だ、と断言しています。

これも、トランプ大統領が復帰したら全貌が明らかになりますので、請うご期待！

ニクソンはブッシュが卑劣な裏切り者だとは気づいていなかったようで、キッシンジャー外交で中国との関係を正常化した後、ブッシュを特別全権大使として中国に派遣。

中国は第2次大戦後にＩＭＦの借金奴隷になっていたので、中国はこの時点ですでにカバールの手下でした。当時の主席、毛沢東は若いときにはロスチャイルドとロックフェラーが資金提供をしたイェール・イン・チャイナ（中国人のリーダーを育てるための組織。現 Yale-China Association 雅礼協会）で学生新聞の編集をしていました。

ブッシュはイェールのスカル&ボーンズのメンバーだったので、イェールの同胞ということも手伝い、中国共産党のカバールの手下としての役割がこの時から増していった、と言われて

カール・バーンスタインとともにウォーターゲート事件を"スクープ"し、ジャナーリストの鑑(かがみ)と崇拝されているボブ・ウッドワードは、実はＣＩＡのエージェントだ。

ボブ・ウッドワード
(1943 - , 78 歳)

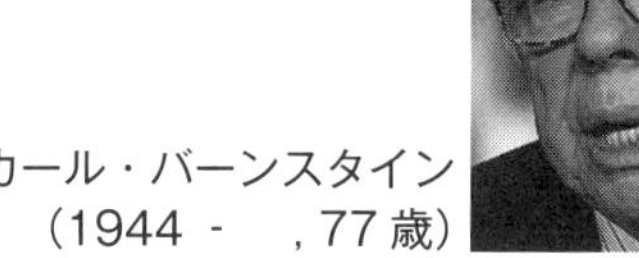
カール・バーンスタイン
(1944 - , 77 歳)

います。

この後、ジョージ・ブッシュは、ＣＩＡ長官、副大統領、大統領、と、とんとん拍子で出世しました。

Ｑ 中南米、アジア諸国をＩＭＦと世界銀行の経済奴隷に

この時期、カバールは中南米やアジアをＩＭＦ、世界銀行の傘下(さんか)に入れて、借金を負わせ、経済・天然資源を乗っ取るために、グラディオを展開してレジーム・チェンジを引き起こしました。政権交代を目的としたグラディオは、後にクリントンがユーゴスラヴィアで始め、オバマが中東、東欧、中央アジアで起こしたカラー革命の基礎となりました。カバールの手口を簡単におさらいしておきましょう。

まず首相や大統領を買収。賄賂を受け取らないリーダーにはハニートラップを仕掛けて、写真を撮り、恐喝。それも失敗した場合は殺す。カバールお気に入りの手段は飛行機事故と見せかけた暗殺。

うまく殺せない場合は、人民蜂起と見せかけて革命をしかける。

工作員を派遣して〝革命〟のリーダー格になる人間を養成、指導し、カバールが選んだ指導

者を応援させる。

報道機関、落書きなどで、倒したい首相・大統領を〝悪魔！〟〝ロシアの手先！〟と糾弾し、その国の国民の反感を煽る。

リーダー格の人間たちに扇動的な演説をさせ、デモを誘発し、革命へと発展させる。

雇ったサクラたちに暴動を起こさせ、死者を出して、倒したい首相・大統領のせいにする。

先進国の（＝カバールの）報道機関が一斉に「首相・大統領が暴動を煽って死者続出！」と偽情報を発し、世界規模の圧力をかけて辞任を迫る。

最終的に〝民衆〟が首相・大統領を倒して、カバールの傀儡政権を樹立させる。

カバールはこうして次々に南米、中南米、アジア諸国をＩＭＦ、世界銀行の経済奴隷にしていきました。

Q カバールとは無縁だったレーガン大統領の下でブッシュ副大統領がイラン・コントラ事件を首謀

１９８０年の大統領選では、共和党予備選でカバールが推すブッシュが敗れて、カバールとは無縁の庶民派、ロナルド・レーガンが共和党候補になってしまいました。

長年カバールの相談役を務めていたリンジー・ウィリアムズは、「レーガンは、『ブッシュを副大統領に選ばないと、あらゆる手段を講じておまえの人格を抹殺してやる』とカバールに脅されて、仕方なくブッシュを選んだ」と言っています。

選挙キャンペーン中、CIAの工作員、ステファン・ハルパーが民主党の現職大統領、ジミー・カーター大統領のキャンペーンにスパイを送り込んで、情報を収集していました（ハルパーは、2016年の大統領選中にトランプの外交政策顧問、パパドポロスとカーター・ペイジをスパイした男）。カーターは、イラン人質救出作戦失敗で、急激に人気をなくし、再選されませんでした。

レーガン大統領就任後わずか69日目の1981年3月30日。〝精神異常者〟のジョン・ヒンクリーがレーガンを射殺しようとしました。ブレイディ報道官がレーガンをかばって撃たれ、レーガンは無事でした。

レーガン政権下で、副大統領のブッシュはレーガンには知らせずに密かにイランに武器を売り、そのカネで中南米のゲリラを助け、中南米からコカインを密輸して密売する、というイラン・コントラ作戦を展開。儲けた金は、ステファン・ハルパーが経営するパーマー・ナショナル・バンクに預けられ、そこからスイス銀行へと転送されていました。これがイラン・コントラ事件です。これに関わっていたCIA工作員のチップ・テイタムは、後に密告者になりました。

レーガン政権下で副大統領だったジョージ・H・W・ブッシュは、レーガンに知らせずに密かにイランに武器を売り、そのカネで中南米のゲリラを助け、中南米からコカインを密輸して密売する「イラン・コントラ作戦」を展開した。

ジョージ・J・W・ブッシュ
（1924 - 2018）

儲けた金は、ＣＩＡの工作員ステファン・ハルパーが経営するパーマー・ナショナル・バンクに預けられ、そこからスイス銀行へと転送された。ステファン・ハルパーは、2016年の大統領選中にトランプの外交政策顧問ジョージ・パパドポロスとカーター・ペイジをスパイした男。

ステファン・ハルパー
（1944 - ）

テイタムのインタビューの一部をご紹介しましょう。

イラン・コントラの首謀者はブッシュ副大統領。そしてジェブ・ブッシュ（次男）、ビル・バー（当時レーガン政権の司法顧問）、オリヴァー・ノース中佐、ビル・クリントン（当時アーカンソー州知事）、ヘンリー・ハイド下院議員、パナマのノリエガ大統領。そしてニカラグアのオルテガ副大統領が幹部としてブッシュと連絡を取り合っていた。

彼らは、パイロットのバリー・シールを使って、コロンビアなどの南米、中南米の国々に現金を運び、南米からコカインを密輸していた。

この他に南米から臓器提供者の臓器を空輸する医療部隊の飛行機を使って、臓器を保存する冷凍庫の中に麻薬を入れて密輸することもあった。

アメリカの密輸拠点はアーカンソー州リトル・ロックで、警察に見つかって逮捕された人間には、ここの州知事だったビル・クリントンが恩赦を与えてくれた。

1億ドルのカネが紛失した後、バリー・シールとクリントンが疑われ、クリントンがメデジン・カルテル（コロンビアの都市メデジンを本拠とする巨大麻薬組織）を雇ってシールを殺させた。

1992年の大統領選の時、現職のブッシュ大統領はロス・ペローを殺す計画を立てていた。

Q 湾岸戦争

レーガンの次の1988年の大統領選で、共和党候補となったブッシュは、ニュー・ワールド・オーダーという言葉をよく使っていました。大手メディアは、単に「レーガン政権とは違う新しい世の中が始まる、という意味」と伝えていましたが、実際はカバールが地球を支配する新世界秩序のことでした。

大統領になったブッシュは、クウェイトをそそのかして国境地帯のイラクの石油を奪わせ、イラクのクウェイト侵攻を誘発。クウェイトに行ったことさえない在米クウェイト大使の娘に「イラク兵が保育器から赤ちゃんを引き出して殺している！」と偽証させ、アメリカ国民の正義感に訴えて、イラク侵略戦争（1991年、湾岸戦争）を展開。これって、「ドイツ兵が銃剣でベルギー人の赤ちゃんを刺し殺している！」という嘘に酷似していますよね！

Q ビル・クリントン、ブッシュ（息子）が仕組んだグラディオの数々

1995年4月19日に起きたオクラホマ・シティ連邦政府ビル爆破事件は、次の大統領にな

ったビル・クリントンが仕組んだグラディオでした。

クリントンは、アーカンソー州知事時代の悪事（イラン・コントラなど）の捜査記録と湾岸戦争復員兵の医療記録（この時、何千人もの兵士が劣化ウラニウム弾用に作ったワクチンの後遺症を思い政府を訴えていました）を、それぞれアーカンソー、ワシントンからこのビルに移していました。クリントンはこの記録を消し去るためにオクラホマの政府ビルを爆破させ、ＣＩＡの下請け工作員を雇って、ティモシー・マクヴェイに罪をなすりつけました。

医療記録が消えたので、政府は何百億ドルもの賠償金を払わずに済みました。

このグラディオに関わったＣＩＡの下請け工作員、コーディ・スノジレスの告白本、『チュージング・ザ・ライト』は、アマゾンで発売禁止になってしまいました。

クリントンは旧ユーゴスラヴィアでもグラディオを行い、セルビアやコソヴォを徹底的に破壊した後、経済復興を助ける、という名目でＩＭＦ、世銀が乗り入れ、借金のかたに天然資源を奪い、経済を乗っ取りました

クリントンは、「セルビアの残虐な独裁者ミロシェヴィッチがムスリム（イスラム教徒）の大量虐殺を行い、エスニック・クレンジング（民族浄化）をしている！」と煽って、アメリカ介入を正当化しました。もちろん、すべてはＮＡＴＯとＣＩＡがでっち上げた大嘘でした。ミロシェヴィッチ大統領は投獄されました。獄中で亡くなった後、ハーグの国際刑事裁判所で２度

も容疑が晴らされ、証拠ねつ造による冤罪だったことが証明されています。

2001年9月11日の同時多発テロも、ブッシュ一族とモサドが仕組んだグラディオでした。これも、トランプ大統領が返り咲いた時に、真っ先にすべてを開示することになっているので、お楽しみに！

翌2002年10月25日、ミネソタ州選出のポール・ウェルストーン上院議員が再選キャンペーン中に飛行機の〝墜落事故〟で死亡。

ウェルストーンは、9・11のテロの公式説明を受け容れず、ジョージ・W・ブッシュのイラク侵略戦争に反対し、銀行取り締まり強化法を提案していたので、CIAに暗殺されたことはほぼ間違いないでしょう。飛行機が墜落するやいなやFBIが墜落現場に現れて捜査（=後始末、証拠隠滅）を開始し、地元の警察はシャットアウトされました。

Q カバールにリクルートされたオバマ

2008年11月、オバマが大統領に当選。

２００９年にノーベル平和賞を与えられ、グラディオとドローン攻撃で人殺しをしまくり、東欧、中央アジア、アラブ諸国などでグラディオに明け暮れ、カラー革命、と呼ばれる偽(にせ)革命を起こしました。

さらにオバマは、アメリカ国民から銃を取り上げるために、国内で〝銃乱射事件〟や〝テロ〟を頻繁に起こしました。

また、オバマはアメリカの製造業の海外への移転に力を入れ、ブルーカラーの人々を大量に失業させました。希望を失った労働者と彼らの子どもたちは、合成麻薬のオピオイドやフェンタネルの中毒になり、自殺者や中毒死をする人々が続出。死ななかった人々も、政府からの援助無しでは生きられなくなり、それまでは勤労の美徳を信じて福祉を嫌っていた人々も、社会主義的な福祉を受け容れるようになりました。これは、まさにカバールの望むところです。国民は犬、カバールは飼い主で、飼い主の手を噛んだ犬はエサをもらえずに罰を受けるか、処分されるだけです。

前出のリンジー・ウィリアムズ（長年、カバールの相談役）は、こう語っています。

「カバールは世襲で、ディープ・ステイトも世襲であることが多い。カバールは常に新しい人材を捜している。カバールは、エリートの仲間入りをさせる人間を若いうちから物色(ぶっしょく)して選び、リーダーに育て上げる。ロックフェラー1世は、若いときにロスチャイルド財閥に見初められて、エリートの仲間入りを果たした」

　このコメントをふまえて、オバマの生い立ちを見てみましょう。

　オバマの母親、アン・ダンハムは１９７０年代に、インドネシア、ガーナ、パキスタンなどでＵＳＡＩＤ（ユーエスエイド）（ＣＩＡの尖兵としてレジーム・チェンジを仕掛ける後進国支援組織）やフォード財団（１９７６年までＣＩＡの外郭団体のようなものだったことが連邦議会の調査で明らかになっている）の仕事をし、１９８８年から１９９５年まではインドネシアにいてＵＳＡＩＤと世界銀行が資金援助をする団体で働いていました。

　オバマの実父も、ケネディ時代に〝アフリカに民主政治を広める（レジーム・チェンジをする）ためにアフリカ人をアメリカで教育させる〟という目的で作られたエアリフト・アフリカというプロジェクトでケニアからアメリカに留学していました。

　インドネシア人のオバマの義父は、ハワイ留学中に、すでに離婚していたダンハムと出会い、結婚して、折しもＣＩＡがスカルノ政権を倒してスハルトを大統領に据えるためのグラディオをやっているとき（１９６５年）にインドネシアに戻り、傀儡政権樹立後にユニオン・オイル社（ユノカルの前身）でインドネシア政府との連絡係を務めました。

　オバマの親たちもレジーム・チェンジに縁があったのです。

　１９８８年にオバマが実父のいるケニアにいたとき、ピーター・ストロック（反トランプの元ＦＢＩ捜査官）の叔父でイエズス会の神父であるジェイムズ・ストロックがケニアにいました。ジェイムズの兄でピーター・ストロックの父は、米国陸軍工兵隊員としてアフリカで仕事をした後、イラン革命（ホメイニ師帰還。１９７９年）の時に息子のピーターと共にイランにいました。これまた奇遇ですこと！

オバマの出生証明書の信ぴょう性を保証した役人、ロレッタ・ファディは不可思議な飛行機事故で死んだ、とされています。

https://www.youtube.com/watch?v=Xm8IIyjNwWw&feature=youtu.be

この映像をごらんになってください。こんなゆるやかな着水で、人が死ぬでしょうか？　他の乗客は皆無事で、死んだ、とされたのはファディだけでした。

ファディは、２０１１年に突然ハワイの衛生局の局長になる前は、インドネシアの宗教団体、スブドの研究者でした。

ロバート・デイヴィッド・スティール（26ページで前述）と親友の元海兵隊員は、こう言っています。

「ファディは、オバマの母親のアン・ダンハムその人で、スブドへの資金援助を仕切っていたＣＩＡ工作員だった。この飛行機事故はＣＩＡが仕組んだお芝居で、ファディ＝ダンハムは生きている」

オバマの出生証明書の信ぴょう性を保証したロレッタ・ファディが、オバマの母親アン・ダンハムその人だろう

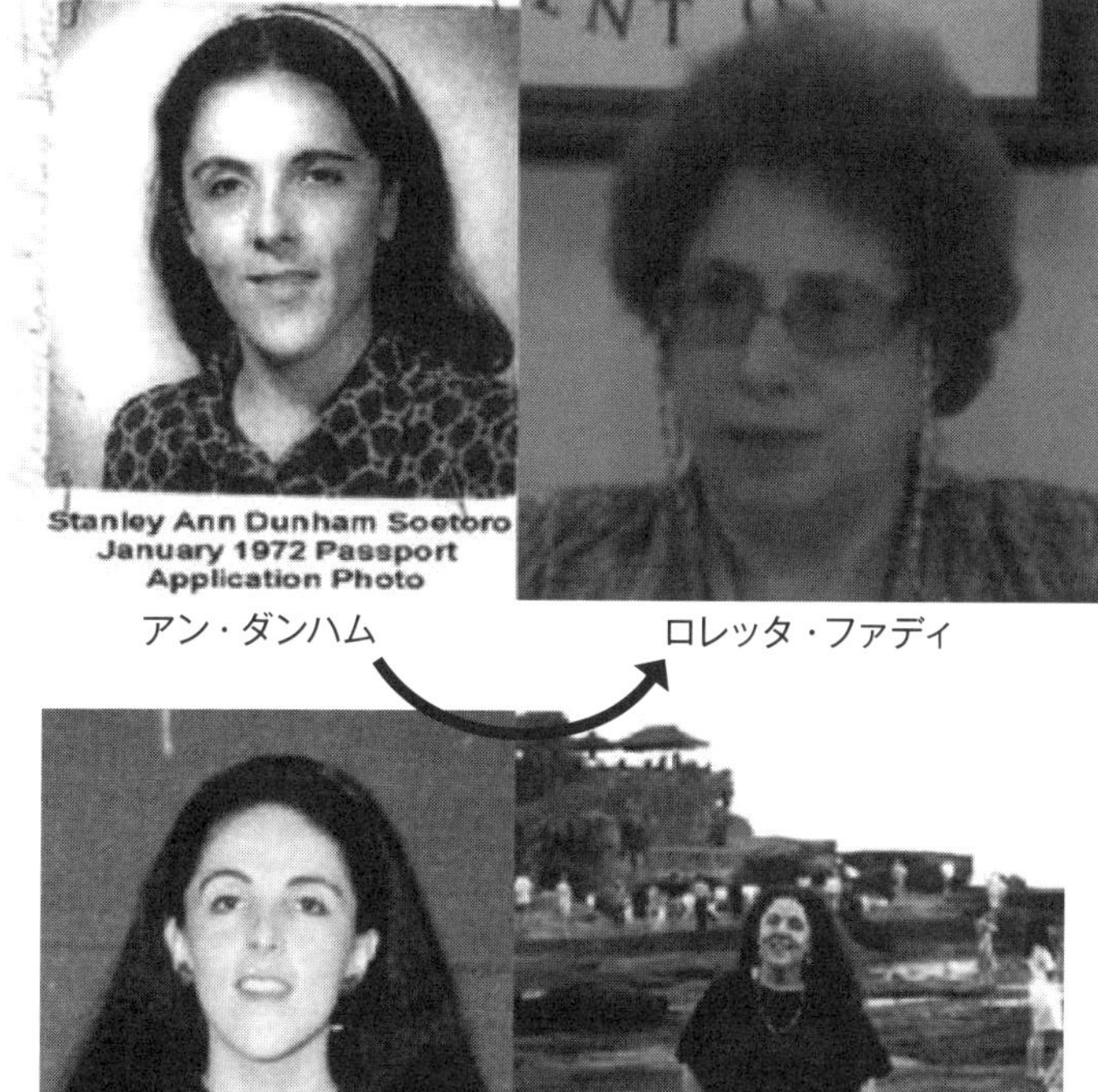

l to r: Age 28-29; age 50-52

ファディがいなくなれば、オバマの出生証明書が偽造だと証明しにくくなり、しかも、ファディが死ねば、死者まで出した悲劇を蒸し返してまで出生証明書の話をするのは見苦しい、ということになるので、カバールにとっては一石二鳥でした。ファディ＝ダンハムも嘘だらけのＣＩＡ工作員の仕事に疲れて、もう年だし、引退したかったのでしょう。

このビデオをごらんになってください！

https://www.youtube.com/watch?v=G2Ki6H_IV2k

ファディもダンハムも右の眉毛がほんのちょっとつり上がっているので、同一人物だということがハッキリ分かりますよね。

第6章　フェイク・リアリティ

Sie muß ein Klavier sein, auf dem die Regierung spielen kann.
Joseph Goebbels über die Presse

それ（報道機関）は政府が演奏するピアノのようなものでなければならない。
ヨーゼフ・ゲッベルス（ナチス宣伝大臣）の報道機関に関する一言

トランプ大統領の最大の功績は、大手メディアの報道がフェイク・ニューズだ、という真実を国民に知らしめたことです。

フェイク・ニューズは、トランプ大統領の時代に始まったものではなく、大昔からありました。

フェイク・ニューズ第1号は、古代エジプトのファラオ、ラムセス2世の壁画です。

紀元前1274年頃、ラムセス2世はカデッシュ（現在のシリア）でヒッタイト（古代ギリシアの国）と戦いました。両者は引き分けだったにもかかわらず、ラムセス2世はエジプトに〝凱旋（がいせん）〟し、自分の〝大勝利〟を称えて巨大なアブシンベル神殿を建造。ルクソールやカルナックの神殿にも、壁画や象形文字でラムセス2世が勇敢に戦って、ヒッタイトを打ち負かした様子を刻みつけました。

ヒッタイトも真実を記録しましたが、くさび形文字は誰もが読めるわけではないので、壁画という分かりやすい宣伝塔を使ったラムセス2世のプロパガンダのほうが、長い間ず〜っと〝史実〟として定着していた、というわけです。

カバールは、ラムセス2世とまったく同じ手段を使って、フェイク・リアリティをでっちあげ、それを史実として学校で勉強させてきたのです‼

Q 無線電信の歴史に隠された嘘

フェイク・ニューズが組織化したのは20世紀初頭でした。

偽情報伝達の成立過程を正しく理解するために、まず電信（テレグラフ）の歴史をおさらいしておきましょう。

1884年、セルビア生まれの天才、ニコラ・テスラがアメリカに移住。エジソンの会社に勤めました。しかし、交流を推すテスラは直流を推すエジソンとそりが合わず、退職して、自分の会社を立ち上げます。

天才ニコラ・テスラ（1856 - 1943）

このセルビア生まれの米国の天才技師は、直流送電システムを推すエジソン（1847 - 1931）に対抗して交流発電・交流送電の技術を発明。さらに、グリエルモ・マルコーニ（1874 - 1937）よりも早く無線通信技術を発明。それのみならず、無線による電力の送電技術を開発していた。テスラは、地球規模の無線送電システムを構想していた。

一方、最初に無線通信機の特許をとったと言われるマルコーニは、実はほとんどテスラの技術を泥棒しただけで、カバールとつるんで、ド穢い金儲けをしていただけだ。

グリエルモ・マルコーニ

1891年、テスラ、無線機を発明。

1894年、マルコーニ、自宅で無線通信実験に成功。目撃者は母親のみ。

1896年、マルコーニ、英国で無線機の特許取得。しかし、パワー不足だったので、すでに世界中で知られていたテスラのオシレーターを使ってイギリス海峡を隔てた通信に成功。

1900年、テスラ、アメリカでラジオの特許取得。同年、マルコーニもアメリカでラジオの特許を申請しました。しかし、1903年に、「幅広く知られているテスラのオシレーターの存在を知らない振りをして特許を申請するのは馬鹿げている」と、却下されました。

しかし、マルコーニは英国の貴族たちと知り合いだったので、マルコーニ無線電信会社を設立。これにエジソンとアンドリュー・カーネギーが投資して、マルコーニは大成功を収めます。この時点でマルコーニは、17ものテスラの特許（パテント）を無断で使っていました。

1904年、アメリカの特許許可局がテスラの特許を撤回。いまだに撤回の理由が明らかになっていません。エジソンやカーネギーとつるんだカバールが陰で糸を引いていたことは明らかです。

1911年、マルコーニ、ノーベル賞受賞。

1912年、マルコーニ無線電信アメリカ社が大英帝国の通信網として使われる契約が発表される前に、財務大臣のロイド・ジョージ（1916年に首相になった）や、法務長官、郵政大臣などの官僚や貴族たちが、マルコーニの会社の株を買って大もうけしました。これは、明らかにインサーダー取引でした。しかし誰も罰を受けませんでした。

1914年、大英帝国のすべての船にマルコーニの無線を備えることが義務化されました。

1915年、テスラは特許侵害訴訟を起こしました。しかし、カバールの弁護士団に対抗するのは至難の業で、資金不足で苦戦。

1943年1月7日、テスラ死去。数ヶ月後、合衆国最高裁は特許許可局が撤回したテスラの特許を再び認める判決を下しました。しかし、これはマルコーニが「第1次世界大戦中にアメリカが私の特許を許可なく使った」として合衆国政府を訴えていたからでした。最高裁は、単にアメリカ政府へのマルコーニからの特許権侵害訴訟を無効にするためにテスラに勝たせただけでした。もし、マルコーニが欲張らずに黙っていたら、テスラの名誉はいまだに汚されたままだったでしょう。

Q 報道の〝武器化〟

この経緯をふまえて、次に「ピルグリム・ソサイアティ」の動きを見てみましょう。

ピルグリム・ソサイアティは、1902年7月16日に、ハリー・ブリテン卿が創設した団体です。「英米の親善・親交を深めるために創設した」ということになっていますが、実際はカバールの頂点に立つ英国王室の下で全世界を支配するための第1歩として、アメリカ、オーストラリア、ニュージーランド、カナダを英国の統治下に引き戻すために作られました。当初のメンバーは、英語圏5ヶ国の政治家、財界、報道界などの名士と大手銀行、大手企業などの会長、社長、重役、ロスチャイルド、ロックフェラー、カーネギー、ハリマンなどの財閥でした。英国のメンバーは貴族が圧倒的多数を占め、現役の官僚も含まれていました。

1960年代以降のメンバーは、ヘンリー・キッシンジャー、アレクサンダー・ヘイグ、ビル・クリントン、ブッシュ親子、マーガレット・サッチャーなどの大物政治家、ダグラス・フェアバンクスなどの映画スター、ウォルター・クロンカイトら有名ジャーナリストなどの影響力のある人々が名を連ねています。現在の会長はエリザベス女王なので、この組織がどれほど権威のあるものであるかが分かるでしょう。

1909年6月7日、ピルグリム・ソサイアティが英国で第1回帝国報道会議を開催しました。この会議には、当時存在していたすべての英語の大手報道機関が招へいされ、合計650人の幹部や記者、さらにマルコーニも参加しました。

彼らは、この会議でメディアの将来を話し合い、「世界中に派遣された記者たちは、報道を通じて世論を形成するために諜報部員としての役割も果たすべきである」という結論に達しま

「ピルグリム・ソサイアティ」は1902年にハリー・ブリテン卿が創設した。「英米の親善・親交を深めるため」と表向きなっているが、実際はカバールの頂点に立つ英国王室の下で全世界を支配するための第1歩として創設された。

その端的な目標は、アメリカ、オーストラリア、ニュージーランド、カナダを英国の統治下に引き戻すことだ。現在の「ファイヴ・アイズ」(英米豪加＋ニュージーランドの諜報機関の情報共有)の起源もこの「ピルグリム・ソサイエティ」にさかのぼる。

ハリー・ブリテン卿
(1873 - 1974)

した。

そして、数週間後の7月、ＭＩ５（アメリカのＦＢＩに相当する国内の治安維持を目的とした情報機関）とＭＩ６秘密情報部（アメリカのＣＩＡに相当する海外でスパイ活動を行う組織）が誕生しました。

この後、当時の英首相、アスキスは議会で、「帝国報道会議の人々（ジャーナリスト）を防衛関係者に会わせて情報を共有させる」と発言しています。

ＭＩ５やＭＩ６の発足当時の人員に関するデータは今のところ明らかにされていませんが、会議の流れから、ジャーナリストたちが横滑りでこの２つの組織に転職した可能性が非常に高いと思われます。もちろん００７のような活動をするとなると、身の危険を回避するために肉体的な強さや武器を使う能力なども必要になってくるので、すべての諜報員がジャーナリスト上がりだ、ということはないでしょう。しかし、情報を収集する諜報員の仕事内容は、ジャーナリストの取材活動と同じですから、１９０９年の段階ですでに諜報員とジャーナリストは一心同体だった、ということになります。

つまり、トランプ大統領がフェイク・ニューズという言葉を一般化させる１００年以上も前から、報道は武器化され、プロパガンダがニュースとして流されるようになっていたのです！

同年7月23日には、英米、オーストラリア、ニュージーランド、カナダの報道関係者が互いに協力して情報を提供し合うための組合「エンパイア・プレス・ユニオン」という組織が誕生。5ヶ国の英語圏でジャーナリスト＝スパイたちは、情報を収集して政府に伝え、カバールにとって都合のいい情報があったら大衆に伝達し、なかったら偽(にせ)情報をねつ造して拡散し始めました。

英米、オーストラリア、ニュージーランド、カナダの防諜機関は、1941年から盗聴した情報を相互利用、共同利用するようになり、1946年に公式な「UKUSA協定」(通称ファイヴ・アイズ)を締結しました。しかし、実際にはその30年前から、エンパイア・プレス・ユニオンを通じて、情報を共有していたわけです。

帝国報道会議にマルコーニが出席していた、ということも特筆に値します。エジソン、カーネギーを通じてカバールのバックアップを受けたマルコーニは、1919年にアメリカでRCA「ラジオ会社アメリカ」を設立。RCAは後にNBCになり、1930年以降はロックフェラー・プラザに本社が置かれています。

英国も国を挙げてマルコーニを後押しして、通信機関そのものを国営化し、1922年にBBCが設立されました。

BBCが第2次世界大戦中に暗号のようなメッセージを放送して、フランスのレジスタンスに指示を与えていたことはよく知られています。この史実だけを見ると、「英国政府が戦時中に既存のラジオ局を情報伝達手段として使った」と解釈できます。しかし、真相はその逆で、ＢＢＣも通信社も新聞社も、もともとカバールが自分たちに都合のいい情報（偽情報）を配信するために作られたのです。

１９２０年代にＲＣＡの重役となり、ＮＢＣの幹部にもなったデイヴィッド・サーノフ（後にロックフェラー財団役員）と、ＣＢＳの重役ウィリアム・ペイリーが、第2次世界大戦中それぞれアイゼンハワーの通信担当者、ロンドンの連合軍司令部の通信部員として活動していたことも、諜報機関と報道機関が一心同体だ、ということの証拠です。

大手報道機関はすべてカバールのプロパガンダ拡散機関ですが、中でも特筆に値するのはＡＰ通信社です。ＡＰは１９３３年にナチスと独占契約を結び、ナチス・ドイツ国内で取材が許される唯一の外国の報道機関となり、現地情報（ナチスの宣伝担当者からもらったプロパガンダ）を世界中の報道機関に配信し、ボロ儲けしました。この契約は米軍が参戦する１９４１年まで続きました。

２０２１年5月には、ＡＰのガザ支部とハマスの本部が同じ建物に同居していたことも明るみに出て、ＡＰがハマスに同情的な記事を配信し続ける理由が明らかになりました。

昨年（２０２０年）、拙著『ディープ・ステイトの真実』で、アメリカの大手メディアのジャーナリストたちがCIAやFBIの手先と化してしまったことを私は批判しました。今から思うと、この批判は的外れのものでした。諜報機関が報道機関を使って偽情報をばらまいているわけではなく、報道機関自体が元々カバールにとって都合のいい情報を流して世論操作をするために作られた組織であり、そこから国家諜報機関が生まれた。これが正しい順序です。

第2次世界大戦以降、アメリカ政府がすべての通信会社と結託してあらゆる通信を傍受していたことが、1976年に米上院情報委員会（通称チャーチ委員会）の調査で明らかになりました。その2年後の1978年に、「政府の情報機関は十分な理由がない限りアメリカ国内のアメリカ国民と永住権保持者の通信を傍受してはいけない」とするFISA法（外国情報監視法）が制定されました。しかし、オバマはFISA法を無視してトランプをスパイしていました。

Q ハリウッドのすべてがカバールのプロパガンダ機関

NBCの前身がマルコーニの電信会社であることを前述しました。ABCはNBCから派生、独立。CBSは1945年から1995年までは原子力発電専門メーカーのウェスティングハウス電気会社がオーナーでしたから、まさに軍産複合体＝元祖ディープ・ステイトの一環でした。

ＡＢＣは１９９６年以降はディズニーの傘下にあるので偽情報機関とは一線を画している、と信じている人が多いのですが、騙されてはいけません‼

元ＣＩＡのスパイ、ケヴィン・シップ（クリントン財団の資金洗浄を暴露して毒殺されかけた）は、「大手映画会社はすべて国家戦争の遂行のためのプロパガンダ配布組織として始まった。今でもハリウッドにはＣＩＡとペンタゴンの連絡事務所があり、両機関の承諾を得られない映画は制作されない。イアン・フレミングの００７シリーズも映画の脚本は、実際はアレン・ダレスが書いた」と断言しています。イングランドのウォーリック大学のマクリスケン政治学教授の調査でも、フレミングとダレスは常に情報を交換し合っていて、フレミングはダレスを００８と呼んでいたことが分かっています。

ハリウッド映画には、『今そこにある危機』（ハリソン・フォード）、『トータル・フィアーズ』（ベン・アフレック）、『アルゴ』（ベン・アフレック）、『リクルート』（アル・パチーノ）、『スパイ・ゲーム』（ブラッド・ピット、ロバート・レッドフォード）など、ＣＩＡのエージェントたちの活躍を描いた作品がたくさんあります。これらは、ＣＩＡは正義の味方だ、と国民を洗脳するためのプロパガンダに他なりません。

『トップガン』や『インディペンデンス・デイ』など戦争映画の範疇には入らない映画でも、米軍を賛美しないとペンタゴンから戦闘機や戦車などが借りられないので、観衆は娯楽映画を見ているつもりでも知らず知らずのうちに洗脳されてしまうのです。

サイレント映画時代は単なる娯楽でしたが、1910年以降に創設された音声付き映画の制作会社は、ユニヴァーサル、パラマウント、MGM、ワーナー、20世紀フォックス、ディズニーなど、すべて戦争のプロパガンダ機関です。これは、初期の作品にやたら戦争映画が多い、という事実を見ても明らかでしょう。両大戦が始まった当初は、映画館で映画が始まる前に流れるニューズ・リールで、ドイツの蛮行が報道され、大戦中は連合軍の活躍が囃し立てられました。

子ども向けのアニメも戦争のプロパガンダとして利用され、ドナルド・ダックやポパイ（両方とも水兵です）、ダフィー・ダック（ワーナー・ブラザーズのアニメのキャラクター）もナチや日本を小馬鹿にして、ヒットラーや日本兵をやっつけていました。

『カサブランカ』（1942年）や『ミニヴァー夫人』（1942年）などの戦争中のロマンス映画にも、ドイツを邪悪な存在として描いているシーンがしっかり登場し、観客は恋愛映画を見ているつもりでも、知らず知らずのうちにドイツへの反感を高めました。

1944年には、ファシストや共産主義からアメリカを守るため、という名目で Motion

Picture Alliance for the Preservation of American Ideals「アメリカの理想を守るための映画同盟」が設立され、戦争プロパガンダとしての映画の役割がさらに強化されました。この同盟の会長は、サム・ウッズ（『チップス先生さようなら』の監督）、副会長はウォールト・ディズニーでした。戦争映画で活躍したゲイリー・クーパーやジョン・ウェインなどの有名俳優もメンバーとして名を連ねていました。

これ以降は、戦争プロパガンダが組織化され、終戦後も連合軍の活躍を描く映画がイヤというほど制作され、この30年でも『プライベート・ライアン』（トム・ハンクス）、『地獄のバスターズ』（ブラッド・ピット）、『ワルキューレ』（トム・クルーズ）、『ミケランジェロ・プロジェクト』（ジョージ・クルーニー、マット・デイモン）などの大作がナチスの悪を語り継いでいます。

ホロコーストものは、何度も映画化された『アンネの日記』を筆頭に、『栄光への脱出』、『ソフィーの選択』（メリル・ストリープ）、『ミュージックボックス』、『シンドラーのリスト』（スティーヴン・スピルバーグ監督）、『戦場のピアニスト』（ロマン・ポランスキー監督）、『ディファイアンス』（ダニエル・クレイグ）、『愛を読む人』（ケイト・ウィンスレット）、『善き人』（ヴィゴ・モーテンセン）、『ユダヤ人を救った動物園～アントニーナが愛した命～』（ジェシカ・チャステイン）、『黄金のアデーレ　名画の帰還』（ヘレン・ミレン）、『オペレーション・フィナーレ』（ベン・キングズレー）など、定期的に作られ、どれもアカデミー賞や大手映画賞を取っています。

1941年にはUnited Service Organizations「米国慰問協会」USOが設立され、朝鮮戦争ではマリリン・モンローやダニー・ケイ、ベトナム戦争ではサミー・デイヴィスJr、ボブ・ホープなどの大スターたちが戦地を訪問してショーを行い、兵士たちを激励。その映像や写真がニュースとして配信され、国民の脳裏に「アメリカは正義の戦争をしている」というメッセージが刷り込まれました。

冷戦時代以降は、ソ連に激しい敵意を抱かせる映画が続出。ソ連崩壊後、一時的に〝イスラム教過激派テロリスト〟がハリウッドお気に入りの敵になりました。しかし、9・11以降はPC（ポリティカリー・コレクト。人種や宗教差別に反対し政治的に正しいこと）であることが強調され、有色人種やイスラム教差別を避けなければならなかったので、またしてもロシアを敵にした映画が続出しています。

こうして、〝ロシアは悪い国だ〟というイメージが再び定着させられて、ヒラリーとオバマ政権がでっち上げたロシア疑惑が素直に受け入れられたのです。

ジェフリー・エプスタインは、ディズニーのクルーズ船でレイプ用の子どもを島に運んでいた、と言われています。実はディズニーは悪の巣窟なのです。

ハーヴァード大学卒業後、平和部隊（ピース・コー）に入り、その後ジャーナリストになったＴ・Ｄ・オールマンの『ファインディング・フロリダ』には、ディズニーがディズニー・ワールド建設のためにフロリダの土地を手に入れた経緯が詳しく記されています。最重要な点を見てみましょう。

ディズニー社は土地開発に反対する住民を騙して安値で土地を買うために、社員たちが〝個人で土地を買っている〟と見せかけることにした。ディズニーの弁護士だったウィリアム・ドノヴァン（前出。ＯＳＳ創始者でパットン暗殺指令を出した人物）が、ＣＩＡに頼んで偽（にせ）身分証明書を手に入れ、インドネシアでスカルノ政権を転覆させたＣＩＡ工作員に土地購買作業を手伝わせた。

　こうしてディズニー社員たちは、偽身分証明書を使って１エーカー２００ドル以下という破格の値段で土地を買い占め、レイク・ブエナ・ヴィスタとベイ・レイクという都市を造った。各都市でディズニーの社員やディズニーに忠誠を誓った人間たちが住民として登録することで、彼らが市会議員になって、ディズニー・ワールド建設に賛成票を投じて、建設が始まった。

　ドノヴァンの影響力とロビイストの活躍のおかげで、フロリダ州の議員も知事もディズニーに干渉することを避け、いまだにディズニー・ワールドは治外法権のような扱いになっていて、乗り物の安全性を検査する州の役人の立ち入りが許されていない。

　１９７１年に行われたマジック・キングダム（魔法の王国）の開会式は、その５年前に肺ガンで死亡したウォールト・ディズニーが存命中に撮影された開会宣言の映像で始まった。

ディズニーのフロリダ乗っ取り作戦は、海外で反米リーダーを倒して親米(プロウ・アメリカ)政権を樹立させるCIAの手口そのものです。また、すでに死んでいたディズニーが映像で開会宣言、というのも、「私たちはフェイク・リアリティの中で生きている！」ということを象徴するできごとだと思いませんか？

さて、前出のCIAスパイ、ケヴィン・シップは言っています。「『プレイボーイ』誌の創刊者ヒュー・ヘフナーはCIAの協力者だった。CIAはハニートラップとしてマリリン・モンローなどのハリウッド・スターや『プレイボーイ』のモデルたちを使い、政治家や要人たちとセックスをさせて、写真を撮って恐喝の素材としていた」と。

前出のアイザック・キャピーも、「悪魔崇拝の儀式というカバールの洗礼を受けた人しかハリウッドのトップに立てない」と言っていました。プロデューサーも監督も脚本家も俳優もハリウッドのすべてがカバールのプロパガンダ機関だ、ということです。

これをふまえてハリウッド映画を見直すと、カバールのミスディレクションが見えてきます。

例えば、前記（97ページ）のタイタニックは何度も映画化され、「氷山に当たって沈没した」

というカバールにとって都合のいいお話を人々の脳裏に刷り込み続けています。

１９９７年のレオナルド・ディカプリオのヴァージョンでは、大富豪のグッゲンハイムは、救命胴衣を渡そうとする船員に、「ノー・サンキュー。せっかく盛装でいるのですから、紳士に相応しい最後を遂げます。でも、ブランデーはいただきましょう」と言って、アスターと共に死を迎えます。ストラウス夫妻は、やはり盛装し、２人でベッドに横になって死を迎えています。カバールは彼らを英雄化することによって、この３人が中央銀行設立に反対した、という史実に目が行かないようにしているのです。

『エアー・アメリカ』は、ＣＩＡがベトナム戦争中にラオスから麻薬を密輸していたことを描いた作品ですが、密輸をするパイロット（メル・ギブソンとロバート・ダウニーJr）の好感度が高いので、とてもＣＩＡが悪いことをしたとは思えない作りになっています。『バリー・シール／アメリカをはめた男』も、トム・クルーズがバリー・シールを演じているので、麻薬密輸が悪いことではない、と思えてしまうのです。もちろん、ブッシュやクリントンの悪事は一切出てきません。

ハリウッドを使ったカバールの情報操作は、敵ながらあっぱれ！ですよね。

１９７０年代以降の映画やテレビ番組がウーマンリブを謳歌して働く女性（離婚した女性、

結婚しない女性）を賛美しましたが、１９８０年以降はシングル・マザー主演ものが増えました。１９９０年以降はゲイやレズビアンのキャラクターが急増し、今ではトランスジェンダー、黒人、ヒスパニックのキャラクターが激増しているのも、カバールの意向に沿ってのことです。

女性の職場進出奨励は、母親を子どもから引き離し、幼稚園で幼時から社会主義的な洗脳教育を行うため、さらに家庭を崩壊させるためでした。シングル・マザーは、特に黒人地区で増え、黒人を福祉漬けにすると共に、黒人の少年たちを非行に走らせる原因になり、アメリカ崩壊計画を進めるために大いに役立ちました。実際には極めて少数であるＬＧＢＴＱ（同性愛者、トランスジェンダー、性別不明者）をトレンディな存在にして、彼らにクリスチャンを罵倒させることで、カバールは分断支配をしやすくしました。ＬＧＢＴＱが増えれば出生率が低下する、ということも忘れてはいけません。

Q 音楽業界、教育機関もカバールの支配下

音楽業界もカバールが仕切っていました。

１９９０年以降、ギャングスタ・ラップ（暴力、警官殺しなどをテーマにしたラップ）がアメリカのミュージック・シーンと黒人映画を席巻しました。これは、私設刑務所のオーナーと投

資家が音楽業界とつるんで、警官殺しや麻薬売買、ギャングの抗争など暴力的なテーマのラップを歌うラッパーに大金を与えて成功を約束したからでした。

流行の先端を行くヒップ・ホップ業界でさえも、カバールがトレンドを操縦していたわけです！

フェイスブックやツイッターが、一般人が意見を配信できる場所だと思えたのもつかの間、大手のSNSは皆カバールの手下でした。

グーグルは、カバールが伝えたい情報が検索ランクのトップに出てくるようにして、カバールに都合の悪い情報は検索に出てこないようにしています。フェイスブック、ツイッターの情報欄でも同じ手が使われ、「大統領選で不正が行われた」などのカバールに都合の悪い真実を載せたページやアカウントは、一時停止されるか、永遠に削除され、YouTube でも、カバールに不都合なビデオは片っ端から消し去られます。

大手メディアもSNSもハリウッドも、真実を語る人たちを〝国家安全保障を脅かす危険な陰謀論者〟として糾弾し、彼らの発言権を奪い、真実の拡散を阻止しています。

そのため、アメリカ人の大半が大手メディアの嘘を信じ、嘘を信じ込んでいる人のみとSNSで交信し、嘘が真実だとお互いに確信し合っています。そして、真実が見える人々のことを陰謀論者（コンスピラシー・セオリスト）扱いしているのです。

昨年の2020年の大統領選以降のアメリカでは、Eメールを扱うサーバーが反カバール派（＝トランプ支持者）のメールの配信を止め、トランプ支持者たちはテレグラムに移行するまでのしばらくの間は電話でしか連絡を取り合うことができなくなり、「伝書鳩が必要になるかも！」と苦笑していました。

ハリウッドも音楽業界もカバールが伝えたい情報を伝達し、カバールにとって都合のいいイデオロギーを観衆の脳裏に刷り込むための洗脳機関だ、というのは恐るべき事実ですが、こんなのは序の口です。

カバールは教育機関も完全にコントロールしています！

教員組合（ティーチャーズ・ユニオン）が絶賛するBLM（黒人の命こそ大切運動）のモットーは、核家族は白人の文化・伝統なので破壊せねばならない！です。家族の破壊は、カバールが大昔から企んでいたことです。善悪の区別、勤労の美徳、隣人愛などを子どもに教える良識のある親は、カバールの敵です。カバールは、映画やラップ、ポップ・ソングでシングルの女性やキャリア・ウーマンを褒め称え、子どもを親から引き離し、託児所から高校・大学に至るまで教育現場（特に公立学校）でカバールに都合のいい思想を教える洗脳教育を行っているのです。

特に１９７０年代後半以降は、『キャリー』、『ナーズの復讐』、『ベスト・キッド』、『バック・トゥ・ザ・フューチャー』など、スポーツができる男子とチアーリーダーたちを意地悪な悪者として描く映画が続出。学校は、いじめを無くすための対策として、スポーツの大会で勝ち負けに関係なく、参加者全員にトロフィーを与えることになりました。

そして、２００９年からのオバマ政権以降は、人種差別を無くすための対策として、黒人やヒスパニックの落第を防ぐために高等数学を必須科目から削除する公立高校や大学が続出しました。高等数学ではない普通の数学や科学も、アジア人や白人のほうが高い点数をとるので人種差別だ、ということになり、テストの結果とは無関係に、努力した形跡がある生徒には合格点をつけるようになりました。

英語の授業も、家でスペイン語を話しているヒスパニックの子どもたちが落ちこぼれないように、という配慮から、英文法は事実上廃止されました。分断支配をしやすくするために、ヒスパニックに英語を学ばせない！　ということです。

幼稚園から「能力主義は人種差別だ」、「白人は人種差別主義者（レイシスト）でアメリカは白人優越思想が支配している」と教えるせいで、アメリカ人の半数が「毎年、白人警官が何千人もの罪のない黒人を撃ち殺している」と信じ込んでいます。大手メディアは、白人警官が黒人を殺した時だけ大々的に報道し、「毎年、約１０００人が警官に射殺され、そのうちの25パーセントが黒人だ。その理由は、黒人地区で暴力的な犯罪が圧倒的に多いからだ」という事実がまったく伝わってきません。

カバールのこの教育方針の目的は、人種間の溝を深めることと、教育レベルを下げて論理的分析をする能力がない人間を増やすことです。分割統治(デバイド・アンド・ルール)はカバールのお家芸であり、愚鈍な人間は御しやすいからです。

カバールの教育現場進出に最も大きく貢献したのはファビアン協会でした。この団体は平和的に社会主義に移行する社会改良を目指す人々が1884年にロンドンで設立しました。社会主義に賛同するH・G・ウェルズやジョージ・バーナード・ショーなどの著名人がメンバーに加わり、大きな影響力を持つ組織に発展。

ファビアン協会の思想を反映して1895年に設立されたのが、ロンドン・スクール・オヴ・エコノミクス(LSE)です。いまも世界大学ランキング(格付け)の経済部門でトップに君臨しています。

デイヴィッド・ロックフェラーはハーヴァード大学在学中の1936年(21歳)にファビアン協会に関する論文を書き、LSEに留学してから、死ぬまでずっとファビアン協会と親しい関係にあり、ロックフェラー財団もファビアン協会に多額の寄付をしました。

ハーヴァード大学で政経学の教授で、ロックフェラーを教えたヨーゼフ・シュンペーターは、後に大企業が社会主義的な集団主義（collectivism）を招くことを指摘して「社会主義の真の先導役は、社会主義を説いた扇動者ではなく、ヴァンダービルト一族、カーネギー一族、ロックフェラー一族だった」とコメントしています。

社会主義先導者のロックフェラー財団、カーネギー財団、フォード財団は、1913年以降、ナショナル・エデュケイション・アソシエイション（NEA。アメリカ最大の公立学校教員組合）に巨額の寄付をして、批判的思想を育成する教育をやめさせ、その後、アメリカの公立学校のレベルは下降の一途をたどりました。

報道、映画、音楽、教育を征したカバールは、言葉狩りにも精を出しています。言葉をコントロールできれば思想をコントロールできるからです。

カバールは、学校、大手メディア、ハリウッド・セレブを使って、まず、illegal immigrant 不法移民という言葉を禁じて、undocumented migrant / non-citizen「書類を持たない移住者／非市民」と言い換え、不法移民という言葉を使った人々をツイッターやフェイスブックから閉め出しました。〝不法移民〟という言葉を消すことによって、不法移民という概念そのものを抹殺しようとしているのです。

次に、黒人差別を無くすためにブラックメール、ブラック・リストなどのブラックという一言が入った表現を禁句にして、奴隷所有者だったジョージ・ワシントンやトーマス・ジェファーソンの名前がついた学校や道の名称を変更しています。

２０２０年以降はトランスジェンダー（生まれながらの性別と違う性別だと自覚する人々）を受け容れるために、he / him /his , she / her / hers の代わりに ze / zir / zirs などの中性代名詞を使い、pregnant（プレグナント） women 妊婦の代わりに birthing（バーシング） people 出産する人々という表現を使うことを推奨し、性別という概念を消し去ろうとしています。

生物学的に男性と女性は異なる、という科学的事実を語る人は、片っ端からキャンセルされ、トランスジェンダーの女性が女子スポーツに参加することに反対したレズビアンのテニス・チャンピオン、ナヴラティロワさえもキャンセルされました。

そして、２０２１年春、私がこの本を書いている段階では、mother, father という単語も禁じられ、parent 親に置き換えられようとしています！

第7章　カバールの恐るべきマインド・コントロール

Truth is stranger than fiction, but it is because Fiction is obliged to stick to possibilities; Truth isn't.

Mark Twain

真実は小説より奇なり。なぜなら、小説は、起こり得るという可能性に即する義務があるが、真実にはその義務がないからだ。

マーク・トゥウェイン

Q 洗脳研究機関タヴィストック

1920年、カバールはタヴィストック・クリニックを設立しました。

タヴィストックの研究家として知られる元MI6のドクター・ジョン・コールマンは、こう言っています。

「タヴィストック研究所はマインド・コントロールの研究機関で、ウェリントン・ハウス同様、アメリカ国民の心理操作をするために設立された。最終目的は第1次、第2次世界大戦にアメリカを参戦させることだった。人類学、経済学、政治学、心理分析、行動心理学、社会学などの学術的な研究と共に、プロパガンダの広め方、群衆管理のための群集心理操作の研究をしていた。資金は、最初は王室が提供していたが、後にロスチャイルド、ロックフェラーも資金提供者になった。タヴィストックはロックフェラー財団の医療科学部門と組んで、精神状況を変える薬の研究に力を入れ、CIAを使ってアメリカにLSDを送り込み、カウンター・カルチャーのムーヴメントを作った」

LSDを開発したスイスの製薬会社、サンドスAG（アーゲー）（現在のノヴァルティス社）に資金提供したドイツの銀行の創設者の息子、ポール・ウォーバーグはドイツからアメリカに渡り、連邦準備制度法制定に関わり、1916年に連邦準備制度理事会副理事長になりました。ポールの息子、ジェイムズ・ウォーバーグは、フランクリン・ルーズヴェルトの財政顧問を務めた後、1942年に設立されたOSS（戦略情報局）でウィリアム・ドノヴァンの特別補佐を務め戦争プロパガンダ部海外局次長として活躍。その後、左派シンクタンク、政策研究委員会を作り、外交問題評議会（CFR。前出）のメンバーに抜擢され、1950年2月17日に上院外交委員会で、「我々が好むと好まざるとにかかわらず、世界政府が達成される。争点は、（世界政府が達成されるか否かではなく）合意によって達成されるか、征服によって達成されるかだ」と発

ＣＩＡのマインド・コントロール・プログラム「ＭＫウルトラ」を支援したジェイムズ・ウォーバーグ（1896-1969）

「ＭＫウルトラ」は、ナチスやタヴィストックが開発したテクニックを使って、被験者にＬＳＤなどの麻薬を投与し、睡眠不足にさせたり、同じメッセージを何百万回も聞かせる、などの手段で、被験者の意志をくじき、生存本能に逆らう行動を取らせるための実験だった。

父
ポール

伯父
マックス

叔父
フェリクス

父親はポール・ウォーバーグ（1868 - 1932）で、連邦準備制度法の制定に関わった中心人物であり、ロスチャイルド家の代理人だった。ポールの兄マックス・ウォーバーグ（1867 - 1946）はナチスを支援した銀行家。弟のフェリクス・ウォーバーグ（1871 - 1937）は1917年に、レーニンを亡命先のスイスから封印列車に乗せてロシアに帰国させ、資金的にロシア革命を支援した銀行家。実はドイツ国防軍情報部所属。

言していました。

ジェイムズ・ウォーバーグはCIAのマインド・コントロール・プロジェクト、MK（エムケイ）ウルトラを支援しました。MKウルトラは、ナチスやタヴィストックが開発したテクニックを使って、被験者にLSDなどの麻薬を投与し、睡眠不足にさせたり、同じメッセージを何百万回も聞かせる、などの手段で、被験者の意志をくじき、生存本能に逆らう行動を取らせるための実験でした。

Q MKウルトラ実験

マリファナやLSDでハイになってフリー・セックスをするカウンター・カルチャーのムーヴメントも、ベトナム戦争に反対する人々の中から自然発生したわけではなく、カバールがCIAを使ってアメリカの価値観（家族の絆（きずな）や勤労の美徳を尊重）と道徳心を破壊するために仕組んだものでした。

前出のケヴィン・シップは、「カウンター・カルチャーのミュージック・シーンで最も人気があったフランク・ザッパとドアーズのジム・モリソンは、本人が知らない間にMKウルトラの実験台にされていたのではないか？」と言っています。

ザッパの父親は科学者で、エドワード空軍基地近くの連邦政府化学戦研究施設に勤めていて、彼らの家も近くにあり、事故に備えて毒ガスマスクが常備されていました。ジム・モリソンの父親はアメリカ海軍の提督で、ベトナム戦争を始めるきっかけを作ったトンキン湾事件で、〝北ベトナムに攻撃された〟とされる駆逐艦（USS）に乗っていました。

CIAがザッパとモリソンをLSD漬けにして操っていたのだとしたら、アメリカ人は文字通りフェイク・リアリティの中で弄（もてあそ）ばれていた、ということでしょう。

MKウルトラの存在が明らかになったのは、実験台になった人々が1982年に集団訴訟を起こしたからでした。CIAは、実験をしていたことは認めたものの、実験の記録を破棄してしまったので、実験内容は原告たちの証言に基づいています。

CIAは、「MKウルトラは1953年に始まり、1973年に終わった」と言っていますが、実際には今でも続いていると思われます。元CIAスパイのロバート・デイヴィッド・スティール（26ページ前出）の情報源となっている元海兵隊員、ホワン・オ・サヴィン（007にかけた偽名、Juan O Savin ワン・オウ・セヴンと聞こえる）は、「ティモシー・マクヴェイも、パークランドの高校乱射事件の犯人とされたニコラス・クルーズも薬漬けにされていたので、MKウルトラの犠牲者に違いない」と言っています。

Q サンディ・フック小学校銃乱射事件の真実

オバマ時代にはＭＫウルトラで洗脳された人間を犯人に仕立てたと思われる偽乱射事件が続出しました。

これも、トランプ大統領が復帰した後、すべての真相が明かされると思いますが、ここではサンディ・フックに関してだけ簡単に説明しておきましょう。

２０１２年12月14日に、コネチカット州で起きたサンディ・フック小学校銃乱射事件（スクール・シューティング）は、６歳の男の子を含む28人の生徒と職員が死亡した、と報道されました。「小学生が殺された！」と大々的に騒がれたおかげでコネチカットやニューヨークなど複数の州で銃規制強化法が通過し、銃規制賛成派があっという間に増加。オバマが「6歳の男の子が命を落とした」と言って悲痛な顔をする度にオバマの支持率が上がり、オバマは10億ドルを超える予算を銃規制のために費やし、さまざまな左派組織にカネを与えることもできました。

brighteon.com や bitchute.com で Sandy Hook false flag を検索して、ニュース・ビデオを見ると、左記のことが分かります。

教師も生徒も親もやたらリラックスしていて、混乱状態を演出するために、みんな学校の入り口から入って、出口から出る、という行動を繰り返して、ぐるぐる回っている。

インタビューを受けた人間が、言うべきことをリハーサルしている。

子どもたちが列を作って学校から出てくる映像は明らかに編集されていて、列の順序が数秒ごとに異なっている。

当日、「銃乱射事件用の予行演習に関して」というメモが配られていて、親や教師が役割ごとに違う色のバッジをつける、という一言があり、親や教師がさまざまな色のバッジをつけている。

これはグラディオ（偽旗作戦）だった、と真実を言った人たちは、「精神病院に監禁してやる！」と脅されていた。

グラディオで芝居をした市民は、みな政府からの支援金という形で約25万ドルずつもらい、住民全員が新しい家を与えられたり、家のローンを払ってもらっていた。

事件が起きた数時間後に連邦準備銀行ＦＲＢの人間が立ち上げた遺族と銃規制強化のための募金を募るサイトは、事件の前から登録されていた。

また、前出のロバート・デイヴィッド・スティールが編纂した証拠書類の中には、死んだとされた子どもたちがティーンに育った後の写真、さらに、これがグラディオだったことを認めた複数の人々の宣誓供述書が載っています。

アメリカ人の半数が、サンディ・フックやボストン・マラソン爆破テロがグラディオだったといまだに信じられないのは、2件ともあまりにも有り得ないことだからです。

カバールは、大昔からタヴィストック・クリニックで人間の心理を徹底的に研究してきました。だから「嘘は大きければ大きいほど信じてもらいやすい」ということを知っているのです。左派と中道派は「まさかオバマがそんな嘘をつくなんて、有り得ない！」と思うので、いとも簡単に彼らを騙せたのです。

9・11では実際に多数の死者が出ましたが、サンディ・フックなどの銃乱射事件とボストン・マラソンでは誰も死んでいません。トランプ大統領が真実を明らかにしたときに、左派の馬鹿面（づら）を見るのが楽しみです！

ちなみに、サンディ・フックは、犯人は精神不安定者だった、ということになっていたため、〝精神安定剤が与えられていたら事件を防げた〟というアングルから、製薬会社のぼろ儲けにも役立ちました。さらに、死者などいないにもかかわらず、連邦準備銀行の人間が立ち上げた募金収集サイトで3000万ドルものカネが集まりました。

2021年1月6日の議事堂乱入事件の最中に起きたアシュリー・バビット射殺事件も、2020年の黒人暴動のきっかけとなったジョージ・フロイド殺害事件もグラディオで、バビッ

明らかに編集されたものと分かるサンディ・フック小学校銃乱射事件（2012年12月14日）の現場の映像

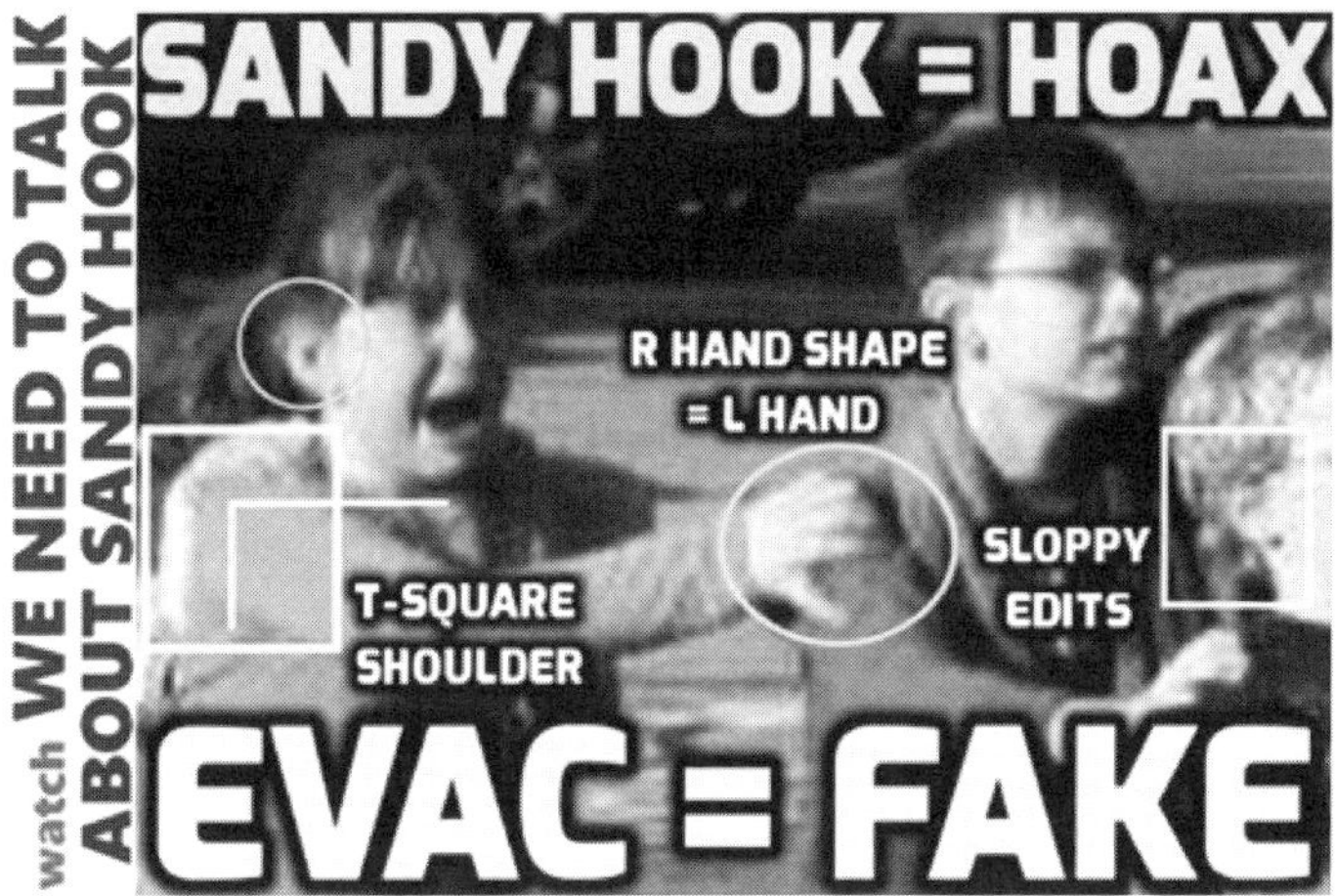

ボストンマラソン爆破事件（2013年4月15日）、コロラド州オーロラ銃乱射事件（2012年7月20日）、そしてサンディ・フック小学校銃乱射事件でも登場する同じ泣き叫ぶ女性。すっかり有名になった。「クライシス・アクター」と言われる。

トもフロイドも死んでいなくて、そのうち姿を見せるはずです。

ペドフィリアまみれのエリートたち

2020年の大統領選で不正があったことを証明するためにジョージア州で訴訟を起こしたリン・ウッド弁護士は、「ロバーツ最高裁判事は、子どもをレイプした証拠をカバールに握られて脅されている」と、何度もツイートしていました。その度に、大手メディアやセレブたちが「トランプ支持者はみな常軌を逸した精神異常者だ！」と、ウッドを小馬鹿にし、ウッドは、弁護士協会から精神鑑定を要求されました。

ウッド弁護士は、自分は正常だと証明するために、2021年1月9日、ニューヨークの法廷にロッド・ローゼンスタイン（司法副長官）のもとで諜報活動をしていたライアン・ホワイト（仮名）の宣誓供述書を提出しました。供述が真実ではなかった場合は偽証罪で刑罰を受ける、ということを承知した上で、ホワイトが語った供述の中から、特に重要な事項をいくつかご紹介しましょう。

ローゼンスタイン率いるグループは、不法な諜報活動をして、判事や政治家の秘密を摑み、ハニートラップで罠にかけて証拠ビデオを撮って、脅迫の材料を保管していた。脅迫できる材料がない場合は、パソコンに侵入して、チャイルド・ポルノの映像を植えつける、などの手を使って脅迫の素材をねつ造していた。清廉潔白な人物も、「チャイルド・ポルノを見ていた！」と報道されると、無実だったと証明できた後も疑いの目で見られ続けることを恐れて、仕方なく脅迫に応じていた。

コンピュータをハッキングして情報を植えつける、情報を盗む、情報を変える、Ｅメールの内容を変えることを専門とするハッカーも彼の工作員の１人だった。

ローゼンスタイン、マイク・ペンス、ポール・ライアン、ミット・ロムニーは、アウトサイダーのトランプを嫌い、トランプを失脚させようとしていた。

ローゼンスタインは、２０１３年にペンスがゲイだと知った後、ＦＢＩに若い男性を派遣させてペンスとセックスをさせ、その男性に、13歳と15歳の少年をペンスに紹介させ、ペンスと少年のセックスの映像を握って、ペンスを操っていた。

ペンス夫人は知っていたが、出世のために黙っていた。

ロバーツ最高裁判事も、エプスタインが供給した若い男たちとセックスをしていて、ローゼンスタインはその証拠をつかんでいた。だから、司法省はセックスのための子どもの人身売買を取り締まらなかった。

ロバーツ判事はエプスタインの助けで男の子と女の子とを養子にして、セックス用に貸し出していた。子どもは、排他的なグループに入るための道具、入会の代償として使われ、グループに入った人間たちは、別のグループに子どもを貸し出している。

彼らトップの集団は、みんな権力のある大富豪であり、自分と同じように汚職まみれの人間以外は信用しない。だから、仲間入りしたい人間は、自分の子ども（養子）を提供して、彼らと同じように汚いことをしないといけない。互いに汚い秘密を握り合い、人の悪事を暴露すれば、自分の悪事も暴露される、という相互確証破壊状態にならない限り、お互いに信頼できないからだ。

オバマは白人のテロ以外は受け容れなかったので、ＦＢＩが愛国派の白人グループに侵入し、そこに武器や爆弾、ロケット砲まで供給していた。愛国派グループの3分の2はＦＢＩの工作員だった。ＦＢＩ工作員は彼らをけしかけて連邦判事や政治家を殺させる計画だった。私（ホワイト）が国家安全保障省に通告したので計画は実行されなかったが、国土安全保障省（ＤＨＳ）は、私（ホワイト）が提出した証拠を司法省とＦＢＩに送り返したので、私（ホワイト）は罰を受けた。

彼らはスカリア判事の暗殺も企んでいた。スカリアは、自分がターゲットになっていることを知って、ホワイト・ハウスに報告したので、自宅での暗殺計画は中止された。しかしスカリア判事はテキサスのハンティング場で毒殺された（２０１６年2月13日）。スカリアの行動スケ

ペドフィリアまみれのエリートたち

ジョン・ロバーツ
最高裁判事

ロッド・ローゼンスタイン
元司法副長官

マイク・ペンス
前副大統領

ポール・ライアン
元下院議員

ミット・ロムニー
上院議員

エメット・サリヴァン
地裁判事

ジュールはロバーツ判事が提供した。オバマもヒラリーも一部始終を知っていた。

愛国者でトランプを支えたマイケル・フリン中将（元ＤＩＡ国防情報局長官）を罠に陥れる裁判を担当したエメット・サリヴァン判事はペドで、孫娘にオーラル・セックスをさせているビデオをローゼンスタインが保管している。孫娘をレイプした犯罪記録も保管されている。

バイデンがペドであることは周知の事実で、4～5歳から14歳ぐらいまでの少年少女とセックスをしていた。

政治家やロビイストはバイデンにレイプ／セックス用の子どもを賄賂として提供し、地位や契約をもらっていた。オバマも無数の政府の請負（うけおい）契約の橋渡しをしていたが、代償は子どもではなく、契約金の10パーセントの上前をはねていた。

バイデンの再婚相手、ジルはバイデンがペドだと知っていたが気にせずに結婚した。2008年と2012年の選挙キャンペーン中、ジルはバイデンの性欲を満たすために孫娘と若い姪をセックス相手として遊説先に派遣して、バイデンを満足させていた。

バイデンの死んだ息子、ボー・バイデンはデラウェア州司法長官時代に、子どもとセックスをした人たちの犯罪の隠蔽工作をしていた。その際、犯罪者たちが撮ったセックス・ビデオをバイデンに渡し、バイデンをよろこばせていた。

サリヴァン判事とバイデンは親友で、2人ともデラウェア州に一戸建ての小さな家を数軒持っていて、そこで子どもたちとセックスをしていた。デラウェアの海岸には高級ヨットがたくさん停泊していて、値段の高い子どもたちの密輸に使われていた。

オバマが大統領になったとき、オバマはブッシュに雇われた司法省の上層部を解雇したが、ローゼンスタイン司法副長官はおびただしい量の恐喝の素材を持っていたので解雇されず、オバマの盗聴係りとして重宝されていた。

民主党全国委員会のコンピュータからデータを盗んだのはセス・リッチ（民主党本部の職員）で、リッチを殺したMS13のギャング2人は、ローゼンスタインの友だちのDEA（麻薬取締局）エージェントが雇い、殺人の後、そのエージェントが2人を始末した。

ドナ・ブラジル（民主党全国委員長）とワシントンDCのバウザー市長もこの件を知っていた。

投票機を操作できるハマー（ハンマー）というコンピュータは、2016年はインターネットへの接続が絶たれて機能しなかった。

ハマーはスーパー・コンピュータで、どんな情報も収集、変更、追加することができる。

Q ニコール・キッドマンとメル・ギブソンの証言

カバール、ディープ・ステイト、ハリウッドのペドフィリア、悪魔崇拝の儀式（子どものレイプ、子どもを拷問にかけて得たアドレノクロームを摂取する）、子どもの人身売買（ヒューマン・トラフィッキング）に関しては、映画『ハンガー・ゲーム』のプロデュースに関わったジョン・ポール・ライスや、ジョージ・レイモンド・グリッグス元NATO諜報部長の未亡人、ケイ・グリッグスも詳しく語っています。

2017年6月には、ニコール・キッドマンが、主演した『アイズ・ワイド・シャット』（乱交パーティで絆を作るエリートの秘密の集団を描いたスタンリー・キューブリック監督の作品、1999年）に関し、こう語っています。

「スタンリーは、この世の中はペドファイル（ペド人間）が牛耳っている、と教えてくれたの。エリートたちは極秘の社会を結成していて、そこは特殊な性的嗜好の人ばかりで、彼らはペドフィリアという絆で結束している、というの。みんな、お互いの暗い秘密を知ってるから、一生抜け出せないの。後悔して、まともになりたい、と思っても、仲間たちに引き戻されて、死ぬまでその中にいて全世界を破滅に追い込む、ってスタンリーが説明してくれたわ」

メル・ギブソンも、2017年11月に、BBCのインタビューでこう言っています。

「ハリウッドのエリートたちは、人類の敵だ。子どもを含むあらゆる聖域を侵してる。このことはハリウッドの連中がみんな知ってるオープン・シークレットだよ。病的な連中さ。ハリウッドはペドフィリアが制度化された社会だ。彼らは子どもを利用し、虐待してる。毎年おびただしい数の子どもを売買してるんだ。自分たちの信仰に従って、子どものエネルギーを収穫し、堪能し、命の糧にしてる。子どもたちの苦痛、トラウマ、ストレス、もがきがやつらの生き甲斐だ。ハリウッドは罪のない子どもたちの血の海にどっぷり浸かってるんだ。ペドフィリアやカニバリズム（人肉を食べること）は、比喩的な話だと思われてるけど、僕は2000年初頭に実際にそういう儀式に招待された。今やっと話せるのは、当時の（映画会社の）重役たちが死んだからだよ。性的虐待を受けた幼児の血液は養分が強化されてすごく貴重だってことで、賄賂、キックバック、巨額のカネが動いてる。赤ん坊は一番高価なハリウッドの通貨だ。彼らにとって赤ん坊は最高級のキャヴィア、コカイン、ダイアモンド、ステーキだ。これは今に始まったことじゃない。大昔から続けられていたことだ。闇のオカルトの行為は数百年前から社会支配とマインド・コントロールのために使われてきた。それがハリウッドで絶頂に達したということだ」

キッドマンとギブソンはアメリカ生まれのオーストラリア育ち。2人ともオーストラリアの映画界で大スターになった後にハリウッドに進出したので、ハリウッドのペド洗礼を受けずにスターの座を獲得することができました。

トランプが大統領になった年にこの2人がハリウッドの秘密を暴露したのは、恐らく偶然ではなく、トランプ側の軍人たちに「我々が守ってあげるから真実を言いなさい！」と説得されたのでしょう。

Q ペド犯罪者逮捕に乗り出したトランプ大統領

2017年11月15日、トランプは記者会見中に、2度もFiji Water（飲料水のブランド）のボトルを、わざと不器用に両手で持って、コップに移すことなくボトルから飲みました。この後、大手メディアは一斉にトランプの不器用さを嘲笑し、フィジーの水の宣伝か？と、トランプを小馬鹿にしました。これは、フィジーにフォーカスを当て、Qの支持者たちに「フィジーのペド一味を逮捕するぞ！」と知らせるためでした。フィジー・ウォーターとフィジーのワカヤ島のオーナー、クレアとサラのブロンフマン姉妹（シーグラム社の跡継ぎ）は、ワカヤ島でキース・ラニエーのNXIVM（ネクシアム）というセックス・カルト組織を経営していました。ラニエーはセックス奴隷にした少女たちに焼き印を押していました。セックス奴隷徴収係はア

カナダの酒類大手シーグラム社の元会長の娘サラ・ブロンフマン（左。1976 -　　）と妹のクレア・ブロンフマン（右。1979 -　　）

To family friends, Seagram heiresses
Sara and Clare Bronfman are victims of a frightening,
secretive "cult" called NXIVM, which has swallowed
as much as $150 million of their fortune.
But the organization's leader, Keith Raniere,
seems also to have tapped into a complex
emotional rift between the sisters and their father,
billionaire philanthropist Edgar Bronfman Sr.
SUZANNA ANDREWS investigates
the accusations that are now flying:
blackmail, perjury, forgery
in a many-sided legal war

The Heiresses and the Cult

姉妹は 2001 年頃から 2019 年まで、セックス・カルト組織「ネクシアム（ NXIVM ）」の主要な資金提供者であり、リーダーシップチームのメンバーだった。特にクレアはリーダー。2018 年 6 月 24 日、クレア・ブロンフマンが逮捕され、2020 年 9 月に禁固刑と 50 万ドルの罰金刑を受けた。ブロンフマン姉妹やネクシアムのメンバーたちが、少なくとも 2 万 9000 ドルをヒラリー・クリントンに寄付していたことも発覚した。

リソン・マックという女優でした。

２０１７年12月20日、トランプは、人権侵害者の取り締まりを強化し、有罪になった者の資産を差し押さえる、という大統領令を発し、ペド逮捕に乗り出しました。

２０１８年３月、ネクシアムのキース・ラニエーがセックス目的の人身売買などの容疑で逮捕され、２０２０年10月、懲役１２０年の刑を宣告されました。

２０１８年４月20日、アリソン・マックが、セックス目的の人身売買容疑で逮捕され、訴追。マックは『ハリー・ポッター』のハーマイオニを演じたエマ・ワトソンをセックス・カルトに引き込もうとしていました。

２０１８年６月24日、クレア・ブロンフマンが逮捕され、２０２０年９月に６年の禁固刑と50万ドルの罰金という刑を受けました。彼女の裁判で、ブロンフマン姉妹やネクシアムのメンバーたちが、少なくとも２万９０００ドルをヒラリーに寄付していたことも発覚。しかし、ブロンフマン一族はロシアからのユダヤ系移民であり、クレアは、ヒラリーと親しいリン・ドゥ・ロスチャイルドと共にブロンフマン・ロスチャイルド財団を経営していたので、彼女の悪口を言う人は、すぐさま〝ユダヤ人差別者！〟と叩かれ、ツイッターやフェイスブックから追い出されました。

２０２１年４月24日、オーストラリアの歌手が、「芸能界、政界のみならずＮＦＬのトム・

ブレイディもNBAのルブロン・ジェイムズもサッカーのベッカムを筆頭にスポーツ界のスターも、みんなフリーメイソンの一員、つまり、ペドの悪魔崇拝者だ。僕も悪魔崇拝のフリーメイソンの一員だった。こうして真実を告白することにしたので、いつ殺されるか分からない」と告白しました。

Q "自殺させられた" 人々

ペド関連の物質的な証拠が出てこないのは、ペドフィリアやセックス目的の子どもの人身売買の真実を暴露しようとした人々が皆 suicided（スーイサイデッド）"自殺させられている" からです。

80年代のレーガン政権時代、ネブラスカ州の孤児院の少年たちがワシントンに送られて、政府の要人や軍の高官、弁護士、ビジネスマンにレイプされ、写真を撮られていたことが発覚したことがありました。しかし、警察もFBIも捜査をするどころか目撃者や被害者を脅して隠蔽工作に励み、判事も証拠を闇に葬り、大手メディアも被害者の少年たちを嘘つき呼ばわりし、裁判で証言する予定だった人が飛行機墜落事故で殺されました。飛行機が空中分解した証拠があったにもかかわらず、FBIが証拠を押収。他の被害者も、「証言しようとすると殺される」と察知して口をつぐんでしまったので、事件はやがて忘れ去られました。

最近〝自殺させられた〟人々を何人かご紹介しましょう。

▼2014年

ローレン・スコット　ネイサン・ロスチャイルドの元ガールフレンド。

▼2017年

クラウス・エバーウィーン　クリントン財団のハイチでの人身売買を暴露するはずだった。

クリス・コーネル　サウンドガーデンなどで活躍したミュージシャンで、セックスのための子ども売買に関するドキュメンタリーを作ろうとしていた。

チェスター・ベニントン　リンキン・パークのヴォーカリスト、クリスの親友でドキュメンタリー製作を支援していた。子どもの頃に性的虐待を受けた。犯人はジョン・ポデスタだった、と噂され、ポデスタの子どもでは?という噂もあった。

▼2018年

イネス・ソレギエタ　オランダ王妃の妹。

アナベル・ニールソン　ネイサン・ロスチャイルドの元妻。

ケイト・スペイド　ファッション・デザイナー、クリントン財団のハイチ救済事業に参加して人身売買を目撃した、と言われていた。彼女の死後、夫はディズニーのアニメ映画『ビアンカの大冒険』（ネズミの救助隊が誘拐された少女を救出する、という物語）の主人公のネズミのマスクをかぶり、この映画の関連グッズであるバックパックを背負って外出した。

Qピザゲート事件

ピザゲート事件はQアノンの陰謀論だ、というのも、もちろんカバールのフェイク・ニューズです。

2010年、クリントン財団のために子どもを誘拐していたローラ・シルスビーが、ハイチで逮捕、投獄され、ビル・クリントンの介入で罪を軽減されました。これがピザゲートの発端でした。ウィキリークスが公開したジョン・ポデスタ（ヒラリーの側近。選挙委員長）のメールにpizzaという単語が入ったメールが149通もあることを不思議に思った人々が、ペドたちの隠語で、ピザが少女を意味することを発見。さらに、ホットドッグは少年、チーズは幼女、パスタは幼い男の子、アイスクリームは男娼、ウォールナッツ（クルミ）は有色人種（特に黒人）、マップは精液、ソースは乱交パーティのことだと知って、人々はポデスタのメールを読みあさり、オバマやヒラリーが定期的に子どもとセックスをする乱交パーティを開いていると確信したのです。

ディープ・ステイトのシンクタンクであるストラトフォー（Stratfor 情報提供会社）のCEO、

フレット・バートンは2009年のメールで、「オバマはプライベート・パーティのために6万5000ドルの納税者のカネを使ってシカゴからホワイトハウスにピザとホットドッグを空輸させた」と書いています。ピザとホットドッグにそんなにカネがかかるでしょうか？　仮に、ピザ1枚とホットドッグ1つで30ドルだったとすると、ピザ、ホットドッグをそれぞれ216個ずつ取り寄せたことになります。シカゴのピザやホットドッグがどれほど美味しくても、空輸している間に冷めてしまって味が落ちるでしょうに。

ポデスタのEメールには、Would love to get a pizza for an hour ?「1時間ピザを取りませんか?」という、非常に奇妙な表現が出てきます。ピザを取る、という行為が1時間も続くでしょうか？　少女をレイプする、という行為に置き換えると、つじつまが合いますが、愚鈍な左派はどんな証拠を見せられても目覚めないのですから、呆れます！

2020年10月、ドイツで自分の3歳の娘をレイプする映像をペド仲間に送っていた男が逮捕されたことをきっかけに、3万件のペド犯罪が発覚したので、ペドは意外と多い、という事実も記憶に留めておきましょう。

Q 犯罪の事前予告

さて、オバマ時代の国家安全保障問題担当大統領補佐官のジェイムズ・ジョーンズ元海兵隊大将とCIA長官、ジョン・ブレナンも、スーパー・コンピュータのハマー（ハンマー）を使って、ありとあらゆる人々をスパイしていました。さらに彼らは、パトリック・バーギーというコンピュータ・エンジニアが開発したテクノロジーを使って、何億人もの人々の人格や思想を分析し、ツイッターやフェイスブックでどんなことを言えば、どんな反応を示すか、というデータを収集していました。

バーギーは、「ブレナンとジョーンズは、不法にアメリカ人をスパイしただけではなく、ハッカーを使って実在する人間からのコメントに見せかけたメッセージを送り、思想を操り、ディープ・ステイトが望む行動を起こさせていた」と言っています。バーギーは、こうしたハッカーのことをリアリティ・ハッカーと呼んでいます。

オバマ政権終了後、ブレナンとジョーンズは、バーギーのテクノロジーを使って、それぞれダイノロジー、クリアーフォース、というサイバー警備会社を設立。

クリアーフォースは、現在アメリカ最大のリスク・マネージメント会社になり、特に身元調査の専門組織として大企業から人気を博しています。

どちらの会社も、「ＳＮＳの書き込みなどの公の記録や合法的に入手できる購買記録などを使って、人物像を浮き彫りにし、将来有望か、罪を犯す可能性があるか、などを分析している」と主張していますが、バーギーは、ハッキングによる情報を使っている、と言っています。どちらにせよ、「罪を犯すかどうか予測する」というのはトム・クルーズの映画『マイノリティ・リポート』の世界ですよね！

前出のリンジー・ウィリアムズは、カバールに関して、「彼らは、自分たちが大衆にどんな仕打ちをするか前もって伝えないといけない、という妙な倫理観を持っていて、映画や大手メディア、流行語を通じて、将来の悪事を大衆に予告している」と言っています。

バイデン政権の国防省は、クリアーフォースを雇って、軍隊から過激思想の持ち主（＝トランプ支持者）を排除しようとしているので、『マイノリティ・リポート』はカバールの予告だったのでしょう。

第8章　人口削減

There are only two possible ways in which a world of 10 billion people can be averted. Either the current birth rates must come down more quickly. Or the current death rates must go up.

Robert McNamara, World Bank president, March 19, 1982

世界の人口が100億人になることを回避する方法は2つしかない。現在の出生率がもっと早く低下するか、死亡率が増加するかだ。

1982年3月19日、ロバート・マクナマラ世界銀行総裁

Q 人口削減で達成されるカバールの〝理想社会〟

18世紀半ば以降、産業革命や医学・科学の発達で人口が急増して以来、カバールは一貫して人口削減を提唱していました。

1798年、英国の経済学者、トーマス・マルサスは『人口論』の中でこう述べています。

「人口増加の圧力は、地球が人間の生存のための必需品を供給できる力より強いので、なんらかの形で時期尚早の死が訪れなければならない。我々は、こうした死をもたらす自然の営みを促進させるべきであり、愚かしく無駄な努力をして食い止めようとしてはいけない。不快な飢餓が頻繁に訪れることを恐れるのであれば、他の形の破壊を自然に起こさせるために尽力すべきだ。街の道を狭め、家々により多くの人間を押し込め、ペストの再来を招くべきである」

この論文を読んで深く感動したチャールズ・ダーウィンは1859年に『種の起源』を著し、生存競争、自然淘汰による進化論を説きました。そして、進化論を人間社会にも適用し、〝自然淘汰〟を無視する文明社会を憂え、こう述べています。

「蛮人社会では、身体や精神の弱い者は排除され、健康者が生き残る。それに反し、文明国は排除の過程を妨害しようと努め、愚者、障碍者、病人のための施設を造り、貧民救済法を制定し、医療関係者は誰もが最後の一息を引き取るまで必死に救おうとする」

限りある資源の枯渇を防いで地球の存続を保障するためには人口削減をせねばならぬ、という論理は、その後、延々とカバールに受け継がれ、人口削減を目的とした中絶の利点を説く者が急増。アメリカの中絶の母、マーガレット・サンガーは、「私たちのすべての問題は労働者階級の過剰繁殖に起因します」と断言。左派の英雄、故ルース・ベイダー・ギンズバーグ最高裁判事は、中絶合法化を制定したロー対ウェイドの判決（1973年）に関して、「ローの判決が出たときは、増えて欲しくないと思う人々の人口が増加することへの不安があったのです」と、黒人人口増加防止対策としての中絶を正当化しています。

2010年、チャールズ皇太子は、「高い出生率の原因の一つは文化的なものだ」と、暗に子沢山のムスリムやカトリックを批判。同年、ビル・ゲイツは、一丸となって人口急増を食い止めよう！　と訴えるスピーチで、「新しいワクチン、医療ケア、そして生殖関連健康サービス（＝避妊援助）をうまく利用できれば、人口を10～15パーセント減らすことができます」と発言。

カバールに選ばれたエリートたちが集う世界経済フォーラム（ダヴォス会議）が2020年11月に発表した「2030年までに達成する目標」には、「人工知能と連携したコンピュータでリモコン操作できる）庶民が昆虫を食べ、何も所有せずに幸せを感じる」（＝カバールがうカバールの理想社会が描かれていました。気候変動危機の不安とパンデミックの経済破壊を最大限に利用して99パーセントの人間のライフスタイルを再編成し、カバールが土地や資源を独り占めしよう、というわけです。

2021年3月には、WHOのテドロス議長を含むカバールの手下たちが、「世界の医療ケアを一本化して世界中の人間にワクチンを打つことによってのみパンデミックを防げる」と、必死になってワクチンを売り込みました。４月に死んだエリザベス女王の夫、フィリップは、「死後、生まれ変われるのなら、人口増加問題解決に貢献するために致死性ウィルスとして甦りたい」と言っていました。

Q スペイン風邪の髄膜炎ワクチン原因説

人口削減に力を入れるカバールは、大昔から卑劣な手を使って人減らしに取り組んできました。

19世紀半ば、ヴィクトリア女王時代、アイルランドで起きたジャガイモ飢饉で、１００万人のアイルランド人が死にました。歴史の教科書やウィキペディアにはジャガイモが疫病で枯死したせいだ、とされていますが、それは飢餓の真の原因ではありません。

アイルランドはトウモロコシ、小麦、大麦、オート麦も生産していて、穀物生産の中でジャガイモが占める率はわずか20パーセントでした。

当時のアイルランドは英国に支配されていたため、穀物を英国に輸出しなければなりませんでした。飢餓に苦しむアイルランド人が輸出の義務を免除してもらうように頼みましたが、英国は他の植民地からも食料を輸入していたにもかかわらず、アイルランドの懇願を無視しました。そのせいで100万人ものアイルランド人が餓死したのです。

20世紀初頭、ロックフェラー一族がアメリカ、および外国の製薬業界に莫大な投資をし、国内外の医学界、大学の化学薬物研究のみに巨額の奨励金を与えたので、自然治癒能力や薬草に関する研究が消滅。こうして、ロックフェラーは教育現場のみならず医学の分野も侵略し、カバールの意向に沿わない研究結果は闇に葬られるか、〝偽科学!〟と激しく攻撃されるようになりました。

1918年2月から1920年4月にかけて、スペイン風邪が猛威をふるい、少なくとも5000万人が死亡。この風邪の正式名はH1N1インフルエンザA型ウィルスです。

最初の死者が出たのはカンザス州のアメリカ陸軍ファンストン基地でした。その数ヶ月前に、この基地でロックフェラー財団がこの基地の兵士を実験台にして髄膜炎のワクチンの実験をしていました。そのため、2020年にコロナウィルスのパンデミックが起きたときに「スペイン風邪のパンデミックはワクチンのせいだった」という話が広まりました。

火消しのために〝事実検証〟をしたロイターは、「ワクチンのせいではなかった」と書いたものの、「すでにウィルスのせいで弱まった肺にワクチンのバクテリアが悪影響を及ぼして細菌性肺炎で死んだ、ということはあり得る」と記しています。コロナウィルスの死者のほとんどが肥満、高血圧、糖尿病などの併存疾病で死亡しているのと似ています。

ロックフェラーは、第2次世界大戦中はドイツの化学産業トラスト（独占企業）のIGファルベン（ヒットラーに毒ガスを提供した会社）と提携。戦後、IGファルベンは解体されましたが、幹部はバイエル（アスピリンやヘロインを全世界に提供）、残りはケロッグ、ネスレ、ジェネラル・ミルズなどの食品会社、プロクター・アンド・ギャンブルなどの大企業になりました。

その後、ロックフェラーは、チェイス・マンハッタン銀行やJPモルガン銀行と手を組み、アメリカの製薬会社の半分を支配する製薬王になりました。アメリカのテレビや雑誌、オンラインのCMの半分は製薬業界のもので、アメリカは「どんな薬にも、その薬が効く病気が発明される」（どんな病気にも、その病気に効く薬が発明される、の逆）と言われるほどの製薬業界の天下になりました。

Q 小児麻痺ワクチンが小児麻痺を広めた

ロックフェラーの悪事を簡単に振り返ってみましょう。

1938年、自らも小児麻痺患者だったルーズヴェルトが全米小児麻痺基金を設立し、この基金は事実上ロックフェラー財団が運営。当時は小児麻痺は蚊やハエが媒体する伝染病だと思われていた。

1946年、全米小児麻痺基金が、「小児麻痺急増！」と煽り（実際は癌で死亡する児童数が3倍、事故死が10倍だった）、ロックフェラー医学研究所（大学）から同基金に出向していた医師、ヘンリー・クムの勧めで、米政府はDDTを大量に散布した。DDTの危険性を告げた医師たちの意見は、ロックフェラー財団が仕切るこの全米小児麻痺基金に潰された。

1955年、DDTが危険であることが分かり、全米小児麻痺基金の資金援助でジョナス・ソークが小児麻痺ワクチンを開発。米政府は全米小児麻痺基金の説得に応じて、適切な臨床実験をせずにこのワクチンの使用を開始。何千人もの子どもたちが身体麻痺を含む副作用に苦しみ、政府はワクチン使用を中断したが、全米小児麻痺基金の説得で21日後に再開。1963年まで続いたワクチン接種で、小児麻痺患者数が約6割増加した。それでも、全米小児麻痺基金の説得で政府は、小児麻痺とまったく同じ症状に別の名前をつけて記録して、事実を隠蔽した。

1965年、米政府は、ソークのワクチン使用を止め、ロックフェラー医学研究所研究員のアルバート・サビンが開発したワクチンに切り替えた。だがこれも小児麻痺の原因となった。

Q 生殖抑制のためのワクチン開発

１９５０年代、海軍は、サンフランシスコで化学兵器実験を実施。グラム陰性菌を散布しました。

１９５４年、米軍、ユタ州で昆虫兵器実験実施。化学兵器実験の一環として、10万匹、および20万匹のノミを収納した筒を、それぞれ２０００フィート、１０００フィートの上空からパラシュートで落とし、ノミの生存率を調査。

１９５５年、米軍、ジョージア州で昆虫兵器の実験実施。３００フィートの上空を飛ぶ飛行機から黄熱病（おうねつびょう）の媒体である30万匹の蚊（黄熱病の病原菌は持っていない）を地面に散布して、蚊の生存率を研究。

１９５６年、米軍、ジョージア州サヴァナで、昆虫兵器の実験実施。黄熱病の媒体となる60万匹のメスの蚊を飛行機から散布して、そのうちの何匹が民家に侵入し、何匹が人を噛むかを調査。

１９５６年、米軍、ジョージア州サヴァナで、昆虫兵器実験を実施。黄熱病の媒体となる蚊を地上で散布して、飛行範囲を調査。

1963～1965年、ニューヨーク大学ソール・クルーグマン教授、精神障害を持つ子供たちにワクチンと偽って、肝炎患者の大便抽出物を注入。クルーグマンは後に、優秀な科学者に与えられるロバート・コーク賞受賞。

1962～1973年、米海軍、化学兵器の実験実施。海軍の化学兵器対策を充実させるために、18隻の軍艦、7隻のタグボートにサリンガスなどを散布したり、水兵にワクチンを打ったりした。実験は一部の水兵にしか知らされていなかった。この結果、癌になった水兵もいた。

1965年、米軍、南東部の海岸沖で昆虫兵器の実験を実施。海岸沖で黄熱病の媒体となる蚊を解き放ち、海上飛行後、蚊がどのように人間を刺すかを調査。

1960年代後半には、ベトナム戦争に反対する平和運動が起きた。人権派が力を増したため、あからさまな人体実験がしにくくなり、軍隊と契約を結んだNGOが化学兵器の開発を続け、はじめはロックフェラー財団（ファウンデイション）、後にビル・アンド・メリンダ・ゲイツ財団が人口削減のための避妊薬やワクチン開発にさらに力を入れるようになりました。

1968年、ロックフェラー財団の年間報告書は、人口削減計画が進んでいないことを憂え、「免疫学の立場から繁殖力を低下させるワクチンの開発に力を注ぐべき」と発表。

1971年、ロックフェラーはWHOを援助して、生殖抑制のためのワクチン開発に着手。

1988年、ロックフェラー財団は年間報告書で「ノープラント（女性の腕に埋め込む避妊器具）を12ヶ国で販売した」という成果を発表。

1995年、避妊ワクチンのプロトタイプ完成。

1996年、WHOは破傷風のワクチンを全世界に供給。後に、フィリピンやニカラグア、ケニアなどの開発国にWHOがワクチンを供給した。この中に避妊ワクチンに使用されるHCG（ヒト絨毛性ゴナドトロピン。妊娠中に生産されるホルモン）が含まれていることが発覚。

2000年、すでに小児麻痺がほぼ根絶されたにもかかわらず、ゲイツ財団は、WHOと結託して、アフリカ、インド、パキスタン、アフガニスタンなどに前述（189ページ）したサビンのワクチンとほぼ同じワクチンを送りつけた。多くの国々でゲイツとWHOから〝支援金〟をもらった軍隊が国民にワクチンを強要。以後、身体が麻痺した子どもたちが続出。ゲイツのワクチンを使った国と麻痺患者が急増した国が一致し、ワクチンに麻痺を招くエレメントが入っていたことが分かった。しかし、WHOはワクチンと身体麻痺の関係を否定し、大手メディアもアメリカの医学界もWHOを支援し、真実を指摘した医師や開発国の記者を糾弾。

2009年、ロックフェラー大学学長、ポール・ナース（ノーベル生理学・医学賞受賞者）の豪邸で人口削減対策に関する会議が開かれ、デイヴィッド・ロックフェラー、ゲイツ夫妻、ジョージ・ソロス、ウォーレン・バフェット、マイケル・ブルームバーグ、テッド・ターナー、オプラ・ウィンフリーなどのビリオネアーが出席。

２０１０年、ゲイツ財団、インドで少女たちの承諾無しに子宮頸ガンワクチンを接種し、死者を出し、後に裁判に発展。

２０１２年、ロンドンで行われた家族計画サミットでメリンダ・ゲイツ、避妊政策促進のために２０２０年までに5億ドルの寄付を約束し、注射による避妊法を奨励。サミット直後、ゲイツ財団は「ファミリー・プランニング２０２０」（避妊・中絶推奨のための組織）を設立。２０２０年までに1億２０００万人の少女や女性の避妊を確約。

２０１４年、ゲイツ基金、国連人口基金と、ＵＳＡＩＤ（アメリカ合衆国国際開発庁。海外で政権交代をさせる機関）が、ファイザーの子会社と組んで、開発国に長時間効力があるデポプロヴェラ（注射による避妊薬）を提供。この薬は、発ガン性があり、ＨＩＶ感染が増加する、という事実は無視された。

同年、ゲイツ財団は、効力16年のリモコン操作可能な腹部移植型の避妊マイクロチップに２０００万ドルを投資。２０１５年にトライアル（実証実験）を開始し、２０１８年に発売する、と発表。

２０１６年6月、ゲイツ財団、開発国24ヶ国にワクチンを打たないと生きられず、特殊なエサしか食べないニワトリ10万羽を寄付。

２０１６年末、アフリカで鳥インフルエンザが大流行。ナイジェリアなどで３５０万羽のニワトリが感染し、処分され、その後、また同種のニワトリが寄付された。

２０１８年、ゲイツ財団、遺伝子操作で交配後に死ぬ蚊を作るための研究に４００万ドルを投資。蚊を使ったワクチン配布の研究も開始。同時期、本物の蚊にそっくりな偵察用昆虫ロボットが話題になった。

Q 仕組まれたコロナ・パンデミック

この流れをふまえて、今回のコロナウィルス発生前後のカバールとディープ・ステイトの行動を見直してみましょう。


２０１０年、ロックフェラー財団は、パンデミックが起きた場合のシミュレーションをして「安全のため、という理由で政府が独裁政権的な政策を実施できるようになる」という研究結果を発表。

２０１８年、欧州連合、２０２２年にワクチン・パスポートを発行する、と発表。

２０１９年10月18日、中国でコロナウィルスが問題になる前に、ゲイツ財団は、ディープ・ステイトの人間たちを集めてパンデミックが起きた場合に備えて対策会議。

２０１９年11月下旬、中国の武漢でコロナウィルス感染者続出。

２０１９年、ファウチ、自分が所長を務める国立アレルギー感染研究所（ＮＩＡＩＤ）の影響力を行使しアメリカ国立衛生研究所（ＮＨＩ）を説得し、両機関を通じて７４０万ドルを武漢ウィルス研究所に提供。同研究所ではコウモリコロナウィルスの機能獲得研究（病原体やウィルスの病原性、致死率を増すための研究）を行っていた。

２０１９年12月、国立アレルギー感染研究所とモデルナ社は、コロナウィルスのｍＲＮＡワクチン開発をすでに進めていた。

２０１９年12月、後にバイデン政権のコロナウィルス対策班に入ることになるトム・イングレスビー（グーグルの役員）などが、ワクチン反対派の意見をＳＮＳや大手メディアから閉め出すことを決定。

２０１９年12月31日、ＣＤＣ（米疾病予防管理センター）、中国の武漢でコロナウィルス感染者が続出したことを察知。

２０２０年1月5日、ＷＨＯ、中国で原因不明の肺炎が流行、と発表。

２０２０年1月6日、ファウチとバークスを中心としたコロナウィルス対策委員会発足。

２０２０年1月8日、ＣＤＣ、コロナウィルスの警告を発信。

２０２０年1月20日、アメリカで最初のコロナ感染患者が出現。

この経緯を見ると、カバールは昔からパンデミックに備えていた、というか、「安全のため」という口実で政府の権力を拡大するためにパンデミックを待ちわびていた、としか思えないですよね。CDCでコロナ対策を仕切っていたのがロッド・ローゼンスタイン（司法副長官。前章参照）の妹だったことも忘れてはなりません！

ファウチを筆頭にカバールの手下たちが、ヒドロキシクロロキンHCQが人命を救うことを分かっていながら、「危険だ！」と大嘘をついたのは、「効力のある薬がないから緊急対策用ワクチン（＝副作用があっても製薬会社を起訴できない）が必要！」という状態をねつ造し、パンデミックを長引かせるためでした。

ロックダウンで中小企業のオーナーたち（＝自立心がある人々）は失業して政府の援助に依存せざるを得なくなり、消費者である国民は大企業の言いなりになるしか生きる道がなくなりました。ニューヨーク、ニュージャージー、ミシガン、ペンシルヴァニアの民主党知事たちは老人の感染者を老人ホームに送り込んで、大量の老人を殺しました。

政府は、コロナ検査で何千万人もの人々のバイオメトリック・データ（生体情報）を入手し、〝感染予防のため〟という口実を使って接触者追跡を実行して、国民を監視。さらにワクチン・パスポートを作って、渡航も買い物も生体認証なしにはできないワン・ワールドを作る準備を開始。教会を閉鎖して、神を信じる人々の声をかき消し、みなが世界政府のリーダーを神と崇めるようにし向けました。

ちなみに、ビル・ゲイツは、身体の動きを察知するセンサーで機能する暗号通過システムのパテントを取得したのですが、そのパテント番号の下5桁が０６０６６なのです！　聖書に「獣（悪魔）の番号は６６６である」と書かれているので、アメリカ人の半数が苦笑していま す。

アメリカのパテントを管理しているのは、ＳＥＲＣＯ（セルコ）という巨大コングロマリットです。ＳＥＲＣＯの指揮下で、モンサントは７００近いバイオテクノロジーのパテントを入手し、世界中の農民に毎年新しい種を買わせ、農業界を制圧しました。ＳＥＲＣＯの前身は１９１９年にマルコーニがアメリカで作ったラジオ会社、ＲＣＡのイギリス支部でした。今もペンタゴンとの契約でもぼろ儲けしているＳＥＲＣＯは、エリザベス女王の警備を仕切っている他、２０１３年にはオバマケアの受付も担当し、アメリカ政府から12億５０００万ドルもの契約金を受け取りました。カバール関係者たちは皆、つるんであぶく銭を稼いでいるのです！

Q 食糧供給支配と気象制御

さて、ビル・ゲイツの悪事はワクチンの押しつけだけではありません。ゲイツは、地球温暖化阻止のために、ハーヴァード大学の科学者たちと結託し、空に炭酸カルシウムの粉末を散布して太陽光線を反射させ、地上に届く日光を減らそうと企んでいます。

さらに、ゲイツは、２０２０年以降、北米の農地を買い占め、分かっているだけでもアメリカの19州に合計24万２０００エーカーの農地を所有しています。

ゲイツ財団とロックフェラー財団が援助しているＡＧＲＡ（アグラ）（アフリカの農業グリーン化促進のための団体）は、アグラが売るトウモロコシと大豆を、アグラが売る肥料によってアグラの指示に従って育てる農民のみを援助したため、他の作物がほとんど生産されなくなりました。アフリカの農民はアグラの奴隷になり、干ばつなどが起きるとすべてのトウモロコシが一斉に被害に遭う、という悲惨な状況に追いやられています。

ゲイツ財団は、北極圏にあるスヴァールバル世界種子貯蔵庫（核戦争で地球が破壊された後も植物再生を可能にするために種子を保管している倉庫）運営のための援助金を支給しています。

ゲイツのワクチンの歴史をふまえて彼の行動を吟味すると、モンサントを吸収したバイエル

（ＩＧファルベンの後身）と組んで、自分だけ低温、少量の日光でも育つ作物を育て、世界の食糧をコントロールしたいのだろう、と思えてきませんか？

ゲイツの太陽反射計画のような気象制御はＳＦの世界の出来事ではありません。雲に大砲を撃って雨を降らせる実験はすでに19世紀半ばに開始されました。冷戦時代は、米ソ両国が気象の兵器化に取り組み、極氷冠に濃い色を塗って氷を溶かして大洪水を起こす、などのアイディアが話し合われました。

１９５０年代、アメリカの科学者が雲に化学物質を散布して稲妻の方向性を変えるスカイファイアー計画を開始。

１９６０年、ＣＩＡも気象制御、気象兵器化作戦を開始。友好国に好天気を与えて友好関係を深め、敵国に悪天候を与え穀物生産能力を破壊する、などの間接的な援助や攻撃を行うことを計画。

１９６２年、アメリカ政府は、熱帯低気圧にヨウ化銀を散布して低気圧を弱体化させるストームフューリー計画を開始。

その後、人工降雨技術の研究が進み、雲にドライアイスなどを散布して雨を降らせるクラウド・シーディングという技術が開発され、米軍はこれを兵器化し、ベトナム戦争時代にアメリカの戦況を有利にするためにこの技術を使ってベトナムの雨季を30～45日間長引かせていました。この作戦はポパイ作戦と名づけられ、１９６７年から１９７２年まで続行されました。ソ連では、軍事パレードの日が晴天になるように、パレードの前にこの技術で雨を降らせていました。

１９７７年、国連で環境改変技術の軍事的使用その他の敵対的使用の禁止に関する条約が締結されましたが、カバールがこんな条約を守るはずがありませんよね。

１９９３年、アメリカの海軍、空軍、ＤＡＲＰＡ（ダーパ）がＨＡＡＲＰ（ハープ）（High-frequency Active Auroral Research Program 高周波活性オーロラ調査プログラム）を開始。高周波を利用して気象を変える研究などを始めました。

１９９４年、米政府は気象兵器化計画を続行し、国防省が２０２５年までに気象を完全にコントロールする計画を立てていたことが発覚。

さらに、元ＦＢＩダラス支局長のテッド・ガンダーソンの内部告発で、１９９０年以降、地球温暖化抑止のために世界中の空に化学物質が散布されていることが発覚しました。これは、ケムトレイルと呼ばれています。

１９９６年、空軍がロケットを使って稲妻の方向を変える実験に成功。

２００５年、ＤＡＲＰＡ、稲妻を兵器化するＮＩＭＢＵＳ（ニンバス）計画（nimbus は「雨雲」という意味）を開始。

２００６年、コロラドで行われた科学者、経済学者、政府役人の環境保護会議で、灰を成層圏に散布して日光を遮断することによって気温を下げる計画（＝ゲイツが提案している計画）が話し合われました。

２０２０年の夏、カリフォルニア州が激しい山火事に襲われ、大手メディアが「地球温暖化対策を怠ったトランプのせいだ！」と騒ぎ立てました。しかし、空からレーザー光線のような光が襲いかかるのを目撃した人が何人もいました。建物や車が全焼したのに周りの樹木やプラスチックの滑り台などがまったく燃えていなかったことから、マイクロ波を使った指向性エネルギー兵器が使われた、と主張する人が後を絶ちません。

２０２１年2月11日、軍需企業のレイセオンが、２０１９年に指向性エネルギー兵器を開発していたことが発覚。

２０２１年2月中旬、コロナウィルスの恐怖を煽るバイデン政権を無視して、経済を再開したテキサス州が氷河期のような大寒波に襲われて大雪が降り、停電になり水道の水も凍りました。大手メディアが「地球温暖化による異常気象現象だ！」と騒ぎ立てる中、プリンストン大学名誉教授、ウィリアム・ハッパー原子物理学博士が、わざわざフロリダに出向いて、トランプ大統領に、「これはＨＡＡＲＰ（ハープ）による気象攻撃です」と警告しました。

Q 環境保護派の偽善

気象さえコントロールできるカバールが真剣に環境保護に取り組めば、二酸化炭素を酸素に変え、海に浮かぶプラスティックのゴミも排除できるはずです。にもかかわらず、カバールが約100年に渡って地球の危機を煽っているのは、環境保護のため！という大義名分で平民に質素な生活を強いて、自分たちが天然資源を独占するためでしょう。〝環境保護支援金〟という形で、先進国政府が国連やユニセフに渡す金は、〝慈善団体〟や〝非営利団体〟を通じてカバールの手元に戻ってくるのですから、これまた一石二鳥です。

カバールは「97パーセントの科学者が地球温暖化が起きていると信じている」と連発しています。しかし、UCバークレーのミューラー物理学教授は「温暖化が人為的なものか自然現象かわからない、と言っている科学者もこの中に含まれている」、ジョージア工科大学の気象学者、ジュディス・カリーは「温暖化は人為的ではない、という研究結果を出した科学者は排斥されている」と言っています。

カバールから巨額の研究資金をもらっている〝科学者〟たちが警告した地球破壊の歴史を簡単に振り返ってみましょう。

1922年、アメリカ気象学会は「北極の氷山が急速に溶けている」と警告。

1969年に「10～20年以内で北極の氷はすべて溶けて北極は単なる海になってしまうだろう」と伝えた『ニューヨーク・タイムズ』紙は、1975年には反対に「氷河期到来は避けられない」と警告。

1989年、国連が「2000年までに地球温暖化を食い止めないと、すべての国々が海に沈んでしまう」と警告。

2006年、ドキュメンタリー部門のアカデミー賞を受賞した、ゴア元副大統領の『不都合な真実』が、「10年以内にキリマンジャロの雪が溶けてなくなってしまう」と警告。

2019年6月初旬、モンタナ州にあるグレイシャー国立公園は、「地球温暖化のせいで2020年、あるいは2030年までにすべての公園内のすべての氷河が溶けてしまう」と書かれた掲示板を削除。

2019年6月13日の『タイム』誌は、「地球温暖化のせいで太平洋の島々が海に沈んでいく」と伝えたものの、ニュージーランドのオークランド大学は「沈んでいくはずの太平洋の島々の面積が増えている」と報告。

ここ十数年、ハリケーンや大雪で被害が出るたびに、「地球温暖化のせいだ」と叫ぶ左派を尻目に、国連が設立した気候変動に関する政府間パネルは、「地球温暖化のせいで異常気象現象が激化している、という科学的証拠はない」と断言。

いったい何が正しいのでしょうか？

一つだけ確実なのは、左派が偽善者だ、ということです。

温暖化阻止のために飛行機を禁じようとするアレクサンドリア・オカシオ＝コルテス民主党下院議員は、自分はワシントンとNYを電車ではなくて飛行機で往復。ブティジェッジ運輸長官は、実際は大型車に自転車を積んで通勤し、オフィスの近くでトランクから自転車を出して、自転車に乗り、自転車で通勤している振りをしています。

ケネディ家の偽善はその最たるものです。2005年、ケネディ一族などの富豪が集うマサチューセッツ州の東海岸沖に環境保護派が風車を建設しようとしたとき、建設計画を潰しました。環境保護の顔だったテッド・ケネディ上院議員や、自らも風力会社を所有するロバート・ケネディJrを筆頭にケネディ一族全員とリベラルな金持ちたちが「景観を損ねる」、「ボート遊びや自家用飛行機の邪魔になる」などの理由で大反対しました。

ナンシー・ペロシ下院議長は、自分の選挙区のサンフランシスコで公共交通機関を使わずリムジンに乗り、電気を貪る大型冷蔵庫が2台もある大邸宅に住んでいます。

オバマは、2013年に「地球温暖化のせいで海抜が上昇しハリケーンの強度が増している、と科学者の研究結果で証明されている」と言っていましたが、2019年にケネディ一族などの富豪が集う東海岸の島、マーサズ・ヴィンヤードにある15億円の豪邸を購入。海岸に面した海抜90センチの29エーカーの敷地にあるオバマの豪邸は、左派の予言によると数十年で海面下に没してしまうことになります。オバマは左派の〝科学的研究結果〟を疑っているのでしょうか？

環境保護を訴えているレオナルド・ディカプリオ、ジョージ・クルーニー、ハリー元英国王子夫妻、民主党政治家応援団長のジョン・ボン・ジョヴィも、プライヴェート・ジェットで優雅にリゾートや仕事先に出向いています。偽善を指摘されると、「温室効果ガス排出を相殺(そうさい)するために環境保護団体に多額の寄付をして、苗木を植えている」と言い訳をします。彼らの偽善、ムカつきますよね！

環境保護の顔となった16歳のグレタ・トゥーンベリが、飛行機を拒絶してヨットで移動したことは称賛に値します。しかし、彼女はアメリカからヨーロッパに戻るためのヨットのクルーを飛行機で呼び寄せていました。つまり、彼女の〝温暖化ガスをゼロに保つ！〟というヨットの旅は偽善まみれの単なるスタント行為だったのです。

バイデンが１７３０億ドルの援助金を割り振った電気自動車産業に、エネルギー省長官ジェニファー・グランホルムが５００万ドルの投資をしているのも、吐き気がします。

病気もワクチンも天気も、すべて武器化するカバールとディープ・ステイトに天罰が下りますように！

第Q章　史上最大の情報拡散作戦　Q

Ci sono tre tipi di persone: quelli che vedono, quelli che vedono ciò che viene loro mostrato e quelli che non vedono.

Leonardo Da Vinci

人は3つに分類できる。見える人。見せられたものだけが見える人。見えない人。

レオナルド・ダ・ヴィンチ

Q Qの情報を信じる人は増加の一途

アメリカ人は皆、カバールが何百年もかけて構築したマトリックスの中で、フェイク・ニューズ、フェイク・リアリティを信じて生きてきました。しかし、すべてが見える人々の組織であるQのおかげで、アメリカ人の半数は真実が見えるようになりました。

全世界の Great Awakening 大覚醒を導くために出現し暗躍したQは、NSAの内部情報を入手できる10人弱の組織です。Ｑは２０１７年10月28日（ジョン・ダーラムが連邦検事に就任した日）から２０２０年12月8日まで、ＮＳＡと軍諜報部しか知り得ない情報をインターネットの掲示板に掲載し続けました。Ｑの情報投下（インテル・ドロップ）はcrumb（クラム）パンくずと呼ばれ、Ｑのフォロワーたちは自らをAnon アノン（anonymous 匿名の短縮形）と呼ぶようになりました。大手メディアは彼らを Qanon Ｑアノンと呼び、「陰謀論者」として糾弾し小馬鹿にし続けましたが、アノンたちはパンくずを集めてパン（カバールの全体像）を構成していきました。

　Ｑが掲載する予言の多くが的中。Ｑがコメントを発した数分後、あるいはＱと同時に、トランプがまったく同じことを発言。トランプの周辺にいる者しか撮り得ない写真や、世界各地の交通監視カメラや防犯カメラにアクセスできる者しか入手できない写真を掲載。トランプも観衆に向かって手を振るときによく宙でＱという文字を描いていました。さらに、Ｑが「トランプは、ビリオネアーの快適な暮らしを捨て、自らと家族の命が危険にさらされることを承知の上で、リクルートに応じてアメリカと人類を救うために大統領になった」と書いていたので、トランプ支持者は〝Ｑはトランプをリクルートした軍人の組織だ〟と確信しました。

　元ＣＩＡのスパイ（作戦部長）、ロバート・デイヴィッド・スティールは、「Ｑは、カバールの偽情報に洗脳された人々を目覚めさせるための史上最高の情報作戦であり、マイケル・フリンが関わっている」と断言しています。

Qは、政治と司法の完全な腐敗を指摘し、悪事を裁けるのは軍事法廷しかないことを示唆し、「唯一の解決策は軍隊だ」とコメントし、何度も Trust the plan！「我々の計画（憲法順守の米軍がカバールを倒す）を信頼せよ！」と指示。Q支持者＝トランプ支持者（多くは銃所持者と元軍人）はQのプランを信じて、彼らを挑発する大手メディアと民主党にそそのかされることなく、ひたすら冷静沈着を保ちました。

また、大手メディアがQアノンを〝危険な陰謀説！〟と罵倒すればするほど、トランプ支持者は、「カバールが真実を暴露するQを恐れている証拠だ！」と、Qへの信頼感を深めていきました。Qのコメントではないばかげた陰謀説をQの情報と偽って伝えるメディアもあり、これは「大手メディアは偽（にせ）情報拡散機関だ」という事実を証明する反面教師として役立ち、大手メディアのQ批判は完全に逆効果となって、Q支持者が増加しました。

さらに、Qは度々聖書を引用して、トランプ支持者とカバールの戦いは、単なる正義と不正の戦いではなく、善と悪、神と悪魔の戦いであることを提示しました。おかげで、神を信じる人々（キリスト教徒、ユダヤ教徒、イスラム教徒）のみならず、何らかの崇高な存在を信じるスピリチュアル系の人々、東洋哲学に傾倒する人々もQを信じるようになりました。

Qとトランプが密接な関係にあることを裏づける証拠は100個以上あり、Qの史上最大の情報作戦に関する素材だけで複数の本が書けるほどなのですが、ここでは分かりやすい証拠を3つだけご紹介しましょう。

まず、Qが何度も使っているWWG1WGAは、Where We Go 1, We Go All「1人が行くところに全員で行く」の頭文字です。我々は一心同体でどんな運命が待ち受けようと行動を共にする、という意味で、フリン中将が頻繁に口にしている一言です。

2つ目は、2018年のクリスマスにワシントンDCにあるトランプ・ホテルに飾られたクリスマス・ストッキング。暖炉の上にかけられた8個のイニシャル付きのストッキングのうち、6個目のイニシャルがT、7個目のイニシャルがQで、トランプとQが一緒だ、ということを示していました。

そして3つ目。2019年初頭、トランプ政権発足以来2年以上に渡って民主党がメキシコ国境の壁建造を阻止し続け、不法移民の数が激増する中、2019年1月5日、Qは3時15分を示す腕時計の写真を掲載。同年3月2日に、3時42分を示す腕時計を掲載。その13日後、3月15日の東部時間午後3時42分に、トランプは南部国境での緊急事態宣言を発して、民主党の反対を押し切って壁建設を開始しました。Qはすでに1月5日の段階でトランプが3月15日に緊急事態宣言をすることが分かっていて、トランプもQの2つめの時計に合わせてわざわざ3時42分に緊急事態を宣言したのです。

また、Qは、「ロッド・ローゼンスタインがMS13を雇ってセス・リッチを殺させた」というライアン・ホワイトの宣誓供述書が、2021年に裁判所に提出される3年も前に、この事実を告げるインテル・ドロップを掲載していました。

Qが偽情報ではないことが分かったところで、次に、Qのパンくずで分かったことの中から、ロバート・デイヴィッド・スティールが教えてくれた情報に含まれないインテル・ドロップの一部をご紹介しましょう。

Q これが真実だ――驚愕のQ情報（アトランダムに）

アメリカ建国以来ずっとアメリカを我がものにしようとしてきたカバールは、オバマとヒラリーの2016年を計画の最終段階にするつもりでいた。オバマは愛国的な軍人を約200人解雇し、ペンタゴンとNASAの予算を大幅に削減して軍事力・情報収集力を弱体化させた。乱射事件を続出させて銃を奪い、不法移民大量流入、人種・宗教・文化・政治・性別・経済階級でアメリカを分裂させ、製造業を中国などに移し、テロ対策と偽った海外派兵と福祉激増で経済を破壊させ、黒人差別をなくすためという口実で学校教育のレベルを下げた。その後、ヒラリーが第3次世界大戦を起こして、恐怖におののく国民に〝国家の安全のため〟と言ってプライヴァシーを奪い、国民が従順な羊と化した時点でアメリカをカバールが乗っ取る、という計画だった。

ヒラリーはウラニウム・ワンの取引で、ウランを最終的にイランと北朝鮮に与えた。

オバマはシンガポールの銀行に2900万ドル、クリントン一家はメキシコ銀行に1500万ドル、ジョン・マケインはシンガポールの銀行に1900万ドル、ペロシはドイチェ・バンクに800万ドルの金を隠しているが、NSAはすべての金の流れの記録を保持している。

フーマ・アベディン（ヒラリーの側近）は、ムスリム・ブラザーフッドの回し者。すべての罪の証拠をトランプ側に握られていることを察知し、司法取引に応じてヒラリーの悪事を告白した。

アメリカ政府の外国（イラン、パレスチナ、ウクライナなど）や人権保護団体（ソロス、ゲイツ、ロックフェラーなどの組織）などへの援助金は複数のゴースト組織を経由してマケイン、ペロシ、オバマ、ヒラリーなどの政治家の〝慈善団体〟に横流しされている。政治家が制作した穴だらけの税法を駆使し、政治家やソロスなどの大富豪は慈善団体・非営利団体への政府の援助金（＝アメリカ住民の血税）で私服を肥やしている。

カバールはMS13を使って政敵などを殺し、司法制度が悪事を隠蔽している。

2018年の中間選挙前に多数の共和党上院議員が引退を発表したのは、彼らがカバールの手下で、投獄か引退かという司法取引で後者を選んだからだった。

黒人指導者は民主党から金をもらって黒人を貧困状態のままにしている。

クリントン財団はハイチで子どもの人身売買を行い、ＦＢＩは隠蔽工作をした。

カバールが作ったペド組織の壊滅作戦の一環として、州兵が海兵隊を補助して、ＤＵＭＢ（Deep Underground Military Base）米軍基地の地下トンネルから子どもたちを救出している。

トランプはＮＳＡのロジャーズ提督やフリン中将からの情報を得て、悪人たちが犯したすべての悪事の証拠を握っている。ＣＩＡ、ＦＢＩ、ＮＳＡは、政治家や判事、検事などの秘密を握って脅迫しているが、軍諜報部も同じ情報を有し、誰が誰を操っているか分かっている。

北朝鮮は、トランプが金正恩（キムジョンウン）と直接話し合うまで、オバマ、ソロス、ＣＩＡ、つまりカバールが牛耳っていた。北朝鮮の核兵器テクノロジーはオバマからもらったものだった。トランプ政権発足直後に、北朝鮮の核の脅威が増したのは、トランプを弱体化させて反トランプ派の勢力を強化するためにカバールが仕組んだグラディオだった。

北朝鮮に核技術を渡したオバマの行為は国家反逆罪だ。反逆罪の罰は死刑。ＮＳＡはすべての証拠を握っている。

北朝鮮の核兵器基地があった山が崩れたのは、大手メディアは自然現象の土砂崩れ、と報道した。実際はアメリカのホワイトハットの破壊工作だった。

英国王族もカバールの一味なので、すべての悪人を公の場で裁くことは困難だ。

州兵、米軍兵士がアンティファやＢＬＭに潜伏して情報収集している。

グッゲンハイム一族もカバールの仲間になった。

ソロスはカバールが倒れる日が近いことを察知し、資産没収を回避するために資産を非営利組織に移した。

イスラム国は、軍産複合体、ＣＩＡ、オバマ、ヒラリー、マケイン、サウジアラビア、カタールが作ったグラディオ執行部隊だった。

オバマがＮＡＳＡを弱体化させてシャトル・プログラムを終わらせ、49億ドルの予算をイーロン・マスクのスペースXプログラムに与えた。その理由は、①米軍が人工衛星を使えなくするため、②カバールが操れる宇宙兵器制作のため、③テクノロジーをＣＩＡを通じて北朝鮮に渡すため、だった。北朝鮮はすでにヒラリー・クリントンのウラニウム・ワンの契約で、カナダ経由でウランを手に入れていた。ヒラリーは、大統領になったらアメリカ国内で核爆発テロを起こしてロシアか北朝鮮のせいにして第3次世界大戦を始める予定だった。

アメリカを支配しようとするカバールの最大の敵は銃を持つ愛国者たちだ。だからオバマは銃所持への反感を煽るために数々の乱射事件を起こした。

オバマがイランに送ったとされる17億ドルのキャッシュの9割はＥＵの上層部、グローバリストたち、サウジアラビアなどに送られて、２０２０年の選挙を盗むための資金、イスラム国への援助金となり、オバマ、ヒラリーも私腹を肥やした。

クリントン財団に大口の寄付をしていたオーストラリア、ノルウェイ（ノーベル平和賞を与える国）、オランダ（王族は悪魔崇拝者）、カナダもカバールが牛耳っている。

ラスヴェガスの乱射事件はトランプとサウジのムハンマド王太子の暗殺未遂事件だった。複数の目撃者をＣＩＡが殺した。マンダレイ・ベイ・ホテルの上部4フロアーは、ビル・ゲイツとサウジのアル・ワリード王子が所有するフォー・シーズンズ・ホテル。

アル・ワリードはアルカイダのスポンサーで、ビン・ラディン一族やブッシュ一族と親しく、イスラム教を広めるためにハーヴァード大学やジョージタウン大学などの複数の大学に多額の資金を提供し、若き日のオバマにも資金援助してハーヴァード大学入学を斡旋した。イスラム教は、１９６０年代のブラック・ムスリム台頭以来、キリスト教の基盤を崩してアメリカを二分する道具として使われてきた。これは、ブレジンスキーがイスラム教徒の過激派を使ってソ連を攻撃したのと同じ〝分割支配〟というカバールの常套手段。

オバマは、コロンビア大学時代にブレジンスキーに師事し、ＣＩＡのダミー会社、ビジネス・インターナショナル社で働き、青年時代からカバールの操り人形で、カバールの傀儡政権として大統領の座に据えられた。

投票機とソフトウェアはソロスの組織の重役、ブラウン卿（George Mark Malloch Brown）が所有している。

ケネディ、レーガン、トランプ以外の近年の大統領は、1人残らずカバール／CIAが青年期から養成してきた。アメリカの歴代大統領は、8代目のマーティン・ヴァン・ビューレンとトランプ以外は、皆ヨーロッパの王族の血を引いている。34人はフランク王カール大帝、19人はイングランド王エドワード3世の子孫。

コンスピラシー・セオリスト（陰謀論者）というフレーズは、真実を言う人間の人格を抹殺して信ぴょう性をなくす方策としてCIAが作った言葉。

悪魔崇拝者グロリア・ヴァンダービルト（ユダヤ系富豪）の息子で元CIAのアンダーソン・クーパーはカバールの宣伝係。

ダイアナ妃は、英国王族が悪魔崇拝者で子どもをレイプし殺していることを暴露しようとしたので殺された（1997年8月31日）。英国王族はドイツ系であり（ザクセン・コーブルク・ゴータ家）、エリザベス女王はフリーメイソンの最高指導者。

子ブッシュのイラク侵略（2003年3月20日）は、ドルを使わずに原油を売ってOPECに挑戦しようとしたサダム・フセインを罰するために行われた。

政治家や財閥の人身売買撲滅のための〝慈善団体〟は、政府や個人から援助金をもらい、人身売買に関する法律を作り、人身売買専門の弁護団を抱え、人身売買を行い、時々犠牲者を助け出すふりをしてニューズに流し、英雄を気取っている。

カバールは現在のアメリカで敵の人格抹殺に最大の効力を発揮する〝人種差別主義者〟という呪文を使って、トランプを倒そうとした。

プーティンは、2014年に「西洋のキリスト教は悪魔崇拝者とペドフィリア信奉者にのっとられた」と、発言した。

ロスチャイルドは、アメリカの連邦準備銀行FRBを筆頭に、ほぼ世界中の国々の中央銀行をコントロールし、租税回避地として名高いケイマン諸島の金融管理庁もロスチャイルドの支配下にある。

カバールは政治家を買収して自分たちカバールに都合のいい規則を法制化し、AP通信社、ロイター、エコノミストなどの大手メディアを買い取ってカバールの悪事が露呈しないように報道統制している。ジョージ・ソロスはメディアそのものの他、メディアが使う事実検証機関（ファクト・チェック機関）を支配して世論を操っている。

ヒラリーや娘のチェルシーがつけている逆さまの十字架は悪魔崇拝のシンボル。

ワシントンDCのキャピトル・ヒルがフクロウの形になっているのは、悪魔崇拝者にとってフクロウが死、再生、知恵、カバール加入儀式のシンボルだから。

ＣＩＡが、アル・ワリード王子の友だちを経由して、イーロン・マスクのスペースXの資金を提供した。

ＦＢフェイスブックは、ペンタゴンの機関であるＤＡＲＰＡ（ダーパ）国防高等研究計画局が開発したLifeLog ライフログというプログラムを、ＣＩＡがザッカーバーグに与えたものだった。愚者たちが自らの意志でフェイスブックに公開する個人情報をＣＩＡが収集している。

ＦＢのＣＥＯザッカーバーグは、カバールがあてがった監視役の中国人妻の勧めで臓器提供サイトを立ち上げた。

オバマは、すべての人間の個人情報を入手していて、そのデータ・ベースを民主党の選挙組織、ＯＦＡ（オーガナイジング・フォー・アクション）とシェアしていた。

２００８年の大統領選では、サウジアラビア、ロスチャイルド、ソロスが、それぞれオバマ、ヒラリー、マケインに資金援助したので、誰が勝ってもカバールの勝利だった。大昔からアメリカの大統領選は、少数の例外を除いて、すべてカバールの勝利となるように仕組まれていた。

赤十字はオバマ、大手メディア、アマゾンやニケロディオン（子ども番組チャンネル）と組み、歌手のボノなどのスターの手を借りてハイチ救済金を募ったが、集まった寄付金の25パーセントを着服し、クリントン財団の子ども人身売買（特に孤児）を斡旋していた。

英国のＥＵ離脱を阻止するためにロスチャイルドがテリーザ・メイを暗殺しようとした。

ロスチャイルドは、銀行を通じて経済を支配。サウジアラビアは石油とオイルマネーで買ったテクノロジーを武器にセックス奴隷・人身売買をコントロール。ソロスは、カバールの〝分割統治執行人〟で、人権や環境保護のNGOを使って、イスラム教徒vsキリスト教徒、白人vs非白人、保守派vsリベラル、資本主義者vs社会主義派、良識派vs急進環境保護派、銃所持権派vs銃没収派、普通の人vs戦闘的LGBT派に分けて互いの敵意を煽っている。

ロスチャイルドは大昔にヴァチカンを侵略し、法王を手下にした。1930年代に共産主義者がカトリック教会に潜入して、ヴァチカンを徐々にペド化した。ペドであるフランシスをローマ法王に据えたのは、オバマ、ヒラリー、ソロス。

左目に青あざがある政治家やセレブは、カバールに受け容れられた証拠。

飛行機事故の7割はカバールが殺人のために仕組んだもので、カバールは1人を殺すために乗客全員を殺す、という残虐行為を平然と行う。

NSAは投票機をモニターできる。2016年の選挙の前に、NSAのホワイトハットは、カバールのブラックハットに〝WE HAVE IT ALL, YOUR RIGGING WON'T WORK〟.「我々はすべてを掌握している。おまえたちの八百長は成功しない」というメッセージを送っていた。

2016年3月19日に、スマートマティック（ドミニオンなど複数の投票機のソフトウェア会社）のプログラマー、トッド・マクレアがヒラリーの側近のドナ・ブラジルとジョン・ポデスタに、「ソロスとミーティングして投票機のプリ・プログラミングをします。11月には投票機がうなってくれますよ」とメールしていた。

オーストラリア、ニュージーランド、カナダは、英王室の手下であるから、トランプを潰そうとしている。

民主党の大口献金組織である中絶クリニックの「プランド・ペアレントフッド」は政府から莫大な支援金を得ているばかりではなく、胎児の臓器・皮膚・幹細胞などを売ってぼろ儲けしている。ハリウッド・スターに人気の若返りクリームの原料となっている胎児のペニスの包皮も売っている。

大手メディアはすべてフェイク・ニューズで、実際は民主党支持者は保守派より少ない。悪者が消去した証拠メールやテキスト・メッセージもNSAは保管している。

FBIの悪者たちがトランプの暗殺を計画していた証拠、司法関係者（司法省の役人、判事、検事）やCIAがセックスや悪魔崇拝のための人身売買に関わっていた証拠をNSAは摑んでいる。しかし、ヘタに公表すると、司法制度が機能しなくなりアメリカが無法状態になってしまうので、慎重に軍の機関を使って裁く、という解決策しかない。

2018年1月の段階でヨーロッパの王室はすでに権力を失い、逃避先を探している。

ピーター・ストロック、オバマ、アンダーソン・クーパー、ミカ・ブレジンスキーなど、現在のカバールのメンバーの多くは、親もカバールのメンバーだった。

CIAやファイヴ・アイズ（米英加豪＋ニュージーランド）の諜報機関は、トーアというソース匿名化・偽ソース提示ソフトウェアを使ってサイバー攻撃を行い、ロシアや北朝鮮などに罪をなすりつけ、FBIは彼らが流す偽情報の信ぴょう性を保障し、フェイク・ニューズは偽情報を信頼できる情報として流して国民を洗脳している。

CIAは毎朝4時に〝伝えるべき情報〟（カバールの目的達成に役立つ情報やカバールの悪事から目をそらす情報）を大手メディアに提供している。

癌やエイズを撲滅する薬がある。しかし、病気が完治すると薬が売れなくなるので製薬会社が治療法を隠し、治療薬を開発した医師や真実を告げようとする人間を殺している。

カバールは世界各地でアドレノクローム採取やセックス、レイプ、悪魔崇拝儀式のいけにえ調達のために子どもを養殖している。

ブラックベリーはメッセージが暗号化されていてCIAが簡単にスパイできなかったので潰されて iPhone に取って代わられた。

ジョン・マケイン上院議員は死ぬ前にグアンタナモ湾の捕虜収容所に連行され、悪事を告白した。

CIAは教会、平和部隊、NGO、伝道師の団体などにも潜入している。

カバールは水道に毒を入れて、それをロシアのせいにして第3次世界大戦を始める計画も立てていた。

スノーデンは、ヒラリーの私設サーヴァーからロシアにアメリカのＩＣＢＭテクノロジーを与えた。プーティンはこの事実をトランプに教えた。

オバマはアメリカの鉄鋼産業を潰し、意図的に質の悪い鋼鉄を輸入して戦闘機や戦艦を造り米軍を弱体化させていた。

オバマはケニアで生まれた。トランプ政権は、２０１８年3月にケニアにティラーソンを派遣して、オバマを匿(かくま)うことを禁じさせた。青年時代のオバマがＡＫ47（ソ連製自動小銃）を持っている写真がそのうち浮上する。

デイヴィッド・ホグは、フロリダ州パークランドの高校乱射事件直後に銃規制支持の代弁者になり、ＳＡＴ（満点は１６００点）のスコアーが１２７０点しかなかったにもかかわらずハーヴァード大学に入学できた。この男はクライシス・アクター（災害の被害者を演じる人間）で、ホグの父親はＦＢＩ職員。

メキシコとの国境に押し寄せる不法移民のキャラヴァンは、ＣＩＡがソロスの資金を使って組織した。オバマが家族や親を伴わない子どもの不法移民を優先的に受け容れる政策をごり押ししたのは、不法移民の子どもはアドレノクロームやセックス奴隷の補給源だからで、不法民受け容れはカバールにとって大切な政策。

マケインは子どもの人身売買を斡旋したばかりではなく、マケイン・インスティテュートは人身売買阻止のために集めた寄付から何百万ドルも盗んでいた。

カバールは車、飛行機、戦艦などのコンピュータをハッキングしてリモート・コントロールするテクノロジーを持っている。2017年に海軍の戦艦4隻が事故に遭い、2018年4月初旬にサンダーバードの墜落を含む軍用機〝事故〟が4つ続いた。その多くはカバールがナヴィゲイション・システムをハッキングしたせいだった。

エミネムはカバールの手下で、ガールフレンドだった女優のブリタニー・マーフィーはカバールに毒を盛られて殺された。

シリアのアサド大統領が化学兵器を使った、というのはアメリカの国内問題（不法移民急増）から話題をそらすため、さらに、シリア攻撃を正当化するためのグラディオだった。

カバールがシリアを潰したい最大の理由は、シリアにはロスチャイルドが所有する銀行がないから。

中国の習近平もロシアのプーティンも、それぞれの国に巣くうディープ・ステイトと戦っている。2人ともトランプと協力してカバールを倒そうとしている。

カバール破壊計画はケネディ暗殺直後に始まった。そしてトランプを大統領にしてカバールを倒す計画は1999年、ケネディの息子の飛行機事故の後に始まった。

オバマはムスリム・ブラザーフッドのメンバー十数人をDHS（国土安全保障省）などの重要な政府組織に迎え入れて、イスラム国などのイスラム教テロ組織を支援していた。

グーグルは、CIA、NSA、DARPAがシリコンヴァレー、大学の科学者の協力を得て作った監視機関である。〝設立者〟とされているセルゲイ・ブリンの奥さん、アン・ウーチッキーはDNA検査の会社のCEO。アンの姉のスーザン・ウーチッキーはYouTube のCEO。グーグル、フェイスブック、ツイッターは、ユーザーのデータをシェアし、個人情報を保管し、個人の行動を監視・追跡している。

2016年6月、アリゾナの空港でビル・クリントンは当時の司法長官、ロレッタ・リンチと密かに会って、「ヒラリーのメールに関する捜査をやめてくれ。その代わり、ヒラリーが大統領になったらギンズバーグ判事の後釜に任命してやる」という約束をしていた。NSAはこの一部始終をとらえたテープを持っている。〝たまたま空港に居合わせた〟ローカル局が、この模様を遠くからテレビカメラに収めてスクープとして報道できたのは、Qのチームが前もってリポーターに情報を流したからだった。

カバールはヘッジ・ファンドの拠点を中国に移して、ドルを売り払って、世界通貨を暗号通貨と中国のYuan（元）に切り替えようとしている。

ギンズバーグ判事は同性愛やトランスジェンダーを支持するだけではなく、セックスに同意できる年齢（セックスをした相手が罰せられない年齢）を16歳から12歳に下げるべきだ、と主張していた。これは、ペドのカバールの連中が堂々と子どもとセックスができるようにするための第1歩。さらに、ギンズバーグは、売春や一夫多妻、セックスのための人身売買を禁じる法律を違憲とみなし、性差別を無くすため、という理由で刑務所も男女混合にすることを支持していた過激な危険人物。

現在も6万件以上の極秘起訴状が米司法省（連邦検察庁）から発行されていて、密かにカバールの連中が逮捕されているので、トランプ派にポジティヴなニューズがなくても心配しなくていい。目に見えないところでカバール破壊作戦は着々と進行している。

地球温暖化（気候変動）危機は、政府の巨額の援助金（アメリカ人の血税）をソロスやゲイツの非営利団体に横流しするための口実だ。地球の自然の気候変動サイクルを〝危機〟と偽り、恐怖を煽っているだけ。怯える人間は統制しやすい。

NYPD（ニューヨーク市警）が押収したアンソニー・ウィーナー（ヒラリーの側近。下院議員。フーマ・アベディンの夫）のパソコンには、ヒラリーの悪事の数々（子ども虐待の証拠ビデオや金の洗浄など）の証拠が記録されている。

クリントン財団は、エイズ患者救済のために集めた莫大な金の大部分を着服し、発展国に効き目のない安い薬を配っていた。

『ニューヨーク・タイムズ』のマギー・ヘイバーマンを筆頭に多くの記者たちは、ヒラリーなどのカバールのメンバーに好意的な記事を書き、カバールの手下であるヨーロッパの組織が記者たちの家族信託に金を送っている。家族信託には税法の抜け穴がたくさんあるが、NSAはすべての金の流れを掌握している。記者たちは毎週新しいバーナー・フォーン（使い捨てプリペイドケイタイ電話）を使ってツイッターでスポンサーと連絡を取り合っている。彼らの愚行をNSAはすべて知っている。

民間軍事会社のブラックウォーター（現アカデミ）を率いるエリック・プリンス（トランプ政権教育省長官のベッツィ・デヴォスの弟）はホワイトハットでトランプに協力している。

カバールは北朝鮮とイランに傀儡政権を立てて核兵器を与え、核の恐怖を煽って世界支配を企んでいる。両国はカバールが人身売買、武器・麻薬密売で稼ぎ資金洗浄をするための拠点。EUやオバマ政権の連中が必死になってトランプのイラン核合意離脱を止めようとしたのは、イランと合法的に取引をしたいからで人権問題とは無関係。イラン核合意は、17億ドルのキャッシュを払っただけではなく、その後もずっと1年に2回イランに2500億ドル払う、という協定だった。

赤十字はカバールを助ける腐敗した組織で、特に北朝鮮、イラン、パキスタンの赤十字は人身売買、臓器・血液・DNA売買を行っている。

KKK（クー・クラックス・クラン）を組織し人種隔離をしたのは民主党。奴隷を解放し、黒人に投票権を与えたのは共和党。民主党は歴史を改ざんし、自分の罪を共和党に移し換え、大手メディアはこの投影（プロジェクション）を援助している。

トランプは北朝鮮の金正恩と直接会って、金正恩をカバールの支配から解放した。

フリンは自分が敵のターゲットになることを知っていた。それでもすべては詳細な計画通りに進んでいる。今起きていることはホワイトハットが予測したスクリプトに従っているので、みんな映画を見ているのだ。

２０１８年4月下旬の段階で韓国とブラジルの大統領が投獄され、パキスタン、南ア、グアテマラの大統領、フランスの元大統領が起訴されたのは、トランプの指揮下でホワイトハットが世界中でカバールの傀儡政権を倒している証拠。

アップルは、NSAに探知されにくいサーヴァーを開発し、それを香港に密輸している。

ニュージーランドには、カバールの人口削減作戦（パンデミックか核戦争）の間の避難所として作られた地下シェルターがある。

カバールは、「あらゆる情報が得られる！」という宣伝文句で、人間にコンピュータ・チップを移植して、人間をコントロールしようとしている。

スペースXの爆発は、フェイスブックがサテライトを使って中国並みの監視ネットワークを設立することを防止するためにホワイトハットが行ったサボタージュだった。

ほとんどの偽銃乱射事件にフリーメイソンが関わっている。

富豪の実業家、トム・スタイアーも家族でペド・パーティに参加して、黒人の子どもをレイプしていた。

グーグルのCEOエリック・シュミットはカバールの手下で、北朝鮮でプライヴェート・ネットワークを作った。カバールの連中は北朝鮮の Gmail を使って下書きのみで送信せずにコミュニケーションを図っていた。彼らは送信しなければNSAの監視を免れると思っていたが、実際にはNSAはすべてを察知していた。

カバールの連中は、CNNアンカー、アンダーソン・クーパーの母親の屋敷（ヴァンダービルト家）のプールでいけにえの儀式を行っていた。

FBI、CIA、マケインは情報公開法を回避するために Xbox のゲームのチャットで連絡を取り合っていたが、NSAはすべて掌握していた。

ヴァチカンを筆頭にカトリックの団体は、〝不法移民への慈悲〟を口実にペドフィリア、人身売買の巣窟となっている。

グーグルは、CIAとNSAの監視網システムの一環として誕生した。

InfoWar（カバールの共謀を暴くサイト）のアレックス・ジョーンズは、実はモサドの手下で、適度な真実を提示して保守派の信頼を得て、真底に隠れている真実を〝陰謀説だ〟と言ってはぐらかす、という手を使ってカバールを守っている。

トランプはオバマと同じ手を使ってＦＩＳＡ（外国情報監視法）を利用してカバールの連中を監視している。電子フロンティア財団設立者で、報道の自由擁護者、グレイトフル・デッドの作詞家でもあるジョン・バーロウは、２０１８年に不整脈で死んだとされているが、実際はディープ・ステイトの悪を暴く密告者に発言権を与えようとしたことでカバールに殺された。

トランプがロシア疑惑や弾劾裁判に関して頻繁にツイートしていたのは計画的なミスディレクションだった。大手メディアがロシア！、ウクライナ！と騒いでいる間に、海兵隊が密かにカバールの魔の手から子どもたちを救出していた。

カリフォルニアの山火事頻発の数割は人為的なもので、緊急事態宣言をして政府から援助金をせしめるためにも役立った。

トランプは、意図的にカバールの手下ども（ローゼンスタイン、ジョン・ボルトン、ハーバート・マクマスター、ジーナ・ハスペルなど）を身近において泳がせ、彼らがカバールの上層部と取り合った連絡をＮＳＡに記録させていた。

２０１８年3月に墜落した中国の人工衛星は、ＣＩＡがトランプをスパイするために使っていたもので、ホワイトハットがハッキングして墜落させた。

カバールは２０２０年に連邦準備委員会に為替レートを急激に上げさせてアメリカの経済を破綻させる計画でいたが、トランプが阻止した。

フランスのストラスブール乱射事件（２０１８年12月11日）は、グローバル化に反対するイエロー・ヴェスト（黄色いベスト）のデモから目をそらさせるためのグラディオだった。

ゴールド（金）が連邦準備制度を破壊する。

外国への莫大な援助金は、資金援助を受けた国の国民には届かず、カバールの傀儡政権が着服して、彼らはクリントン財団やマケイン・インスティテュートなどに寄付している。

国連も資金洗浄の一環に他ならない。

民主党が不法移民に運転免許証を与えたがるのは、不法移民が投票しやすくするためで、人権保護とは無関係。民主党が強い州では、免許取得者全員が有権者登録する仕組みになっている。２０１６年の選挙で民主党が勝った州と、不法移民に運転免許を与えている州が一致している。

オバマはトランプが出馬宣言をする前からトランプを監視し、テッド・クルーズ上院議員（テキサス州選出）のことも監視していた。

汚職政治家は裏金の資金洗浄の一つの方法として、何千万ドルもの契約金をもらってくださない本を出版している。

エプスタインはディズニーのクルーズ船ツアーを使って子どもたちを自分の島に運んでいた。トランプは2019年7月にグアンタナモ湾の収容所を増築し、カバールの悪人どもの逮捕に備えていた。

トランプが北朝鮮の金正恩と会う前に、オバマが金正恩に電話をしようとしたが、Qのチームがオバマが使っていた番号を不通にしていた。NSAはオバマと金正恩の会話の記録＝オバマとCIAの悪事の証拠を保管している。

カバールがバイデンを民主党候補にしたのは、オバマ政権時代のバイデンの汚職が表面化することを防ぐためだった。

カバールの手下マクマスター中将は、トランプ政権の国家安全保障問題担当大統領補佐官になって、エズラ・コーエン・ワトニック大佐などのトランプ派の人間を次々に排除したが、辞任に追い込まれた。このため、地位をキープできなかった罰としてカバールはマクマスターの父親を殺した。マクマスター辞任の後、トランプはワトニックを再び側近にした。

2020年に民主党が牛耳る地域で起きたアンティファ、BLMの暴動を、トランプが積極的に取り締まらなかったのは、暴徒を守る検事や市長（ほとんどがソロスの政治献金を受けている）が市民を守る義務を怠った罪を立証する証拠を集めるためだった。

クリントン財団の鑑査をして、問題なし、という結果を出した法律事務所に、ジェイムズ・コーミーの弟、ピーター・コーミーとカマラ・ハリスの夫が所属している。ロッド・ローゼンスタインの奥さんは、クリントン政権の司法省の弁護士だった。

2019年12月、下院がトランプの弾劾裁判を承認した後、すぐに上院で弾劾が始まらなかったのは、民主党が中国と連絡を取り合ってコロナ患者第1号がアメリカに上陸するのを待っていたからだった。

カバールにとってアメリカ政府のサイバー・セキュリティを守るNSAは大きな障害だった。CIAで拷問を担当していたジョン・ブレナンCIA長官にとってもすべての情報を入手しているNSAは邪魔者だった。CIAがスノーデンをNSAに潜伏させ、スノーデンは正義感の強い密告者の振りをしてNSAの情報をリークした。これで、外国がアメリカを攻撃しやすくすると共に、〝NSAはアメリカ人のプライヴァシーを侵害している！〟として、NSAの評判を落とすことができた。さらに、オバマはスノーデンの〝裏切り〟を口実に、〝国家安全保障のため〟という大義名分を使ってアメリカ市民の個人情報収集をたやすく正当化する法律を制定。しかし、実は、NSAはスノーデンがCIAの手下であることを察知していて、わざと古い情報をリークさせ、CIAを罠にかけていた。

副島先生もお書きになっていますが、Ｑ支持者の中にはＪＦＫジュニア夫妻が実は生きていて、トランプの集会に何度か顔を見せていたヴィンセント・フスカと彼の女性友だちだと信じている人々が少なくありません。ケネディの埋葬地の舗道も航空写真で見るとＱの形になっています。

また、ロシア疑惑を最初から批判していたジュリアン・アサンジも、何度もＱのコメントを裏づけるツイートを発信しました。このため、アサンジがＱを援助していた、と信じている人も多いようです。

第10章　不正選挙

Я считаю, что совершенно неважно, кто и как будет в партии голосовать; но вот что чрезвычайно важно, это кто и как будет считать голоса.

Иосиф Сталин

大切なのは、誰がどう投票するかではなく、誰がどう票を数えるかだ、と私は思う。

ヨシフ・スターリン

Q ２０２０年大統領選挙はカバールをあぶり出すためのおとり作戦

２０２０年の大統領選は、トランプが仕組んだ「カバールの悪事暴露作戦」の一環として行われたおとり作戦でした。

トランプは、カバールが政権を取り戻したらアメリカが一気にＢＬＭが牛耳る独裁国家になる、ということを国民に見せるために、わざと民主党の不正を許して、負けた振りをしたのです。

カバールは少なくとも1000年以上世界を支配し続けてきた卑劣な連中です。カバールに逆らう者は皆、殺されてきました。

2015年、トランプはこの事実を知っていながら、軍部の勇士にリクルートされ、出馬という大事業を引き受けたのです。トランプは、カバールを倒すために大統領になったのですから、カバールを完全に破壊するまで大統領の座を受け渡すはずがありません。

トランプも、彼に出馬を依頼した軍人たちも、カバールの傀儡政権が返り咲いたら、自分たちも自分たちの家族も殺されることを承知しています。そんな彼らが、準備不足で選挙に負けたりするはずがありません。

トランプは2018年に外国によるアメリカの選挙干渉を罰するための大統領令を発しました。大統領令には、「外国の干渉に直接、あるいは間接的に関わった、後援した、加担した、または外国の干渉を隠蔽した人間や組織の財産を没収し、然るべき刑罰を下す」と記されています。

トランプと米軍勇士たちは、意図的に民主党にやりたい放題不正をやらせて、ヴァチカンも含むできる限り多くのカバール仲間に罪を犯させ、彼らがいかに汚い手を使ったかを国民に見せて、カバールを一網打尽にする罠をかけたのです。

大統領選の不正に関しては、副島先生の『裏切られたトランプ革命』（秀和システム、2021年）と筆者のサイトに詳しく書いてあるので、ここでは、要点のみをおさらいしておきましょう。

Q ありとあらゆる手を使った不正の数々

カバールは大昔から不正投票、賄賂、恐喝によって9割方の大統領を操縦してきました。1996年以降は電子投票機が導入されたので、楽々と不正操作ができるようになりました。

フロリダ州での再集計が大きな話題になった2000年の大統領選（ブッシュ息子が勝った）では、選挙後に連邦下院議会で開かれた公聴会で、クリント・カーティスというプログラマーがこう証言しています。「私はフロリダ州の共和党（当時のフロリダ州知事はブッシュの弟、ジェブ・ブッシュ）に頼まれて、ディボールド（ドミニオンの前身）の投票機がブッシュに51％、ゴアに49％の票を与えるように設定した」。大手メディアは「電子投票機を使うと簡単に不正ができる！」と、ディボールドを批判しましたが、「紙のむだ遣いを避けて環境に優しい」ということで、環境保護派からの支援を受けて電子投票機が全面的に導入されました。

その後、2004年の大統領選でも、複数の州で、勝つと思われていた民主党議員が共和党議員に負けました。その後、複数の統計学者やコンピュータ・アナリストたちが「ディボールドの投票機が民主党候補の票を共和候補に移したと思われる」と分析しました。この選挙に関するドキュメンタリー、『スティーリング・アメリカ、ヴォート・バイ・ヴォート』（1票ずつアメリカを盗む）は、民主党支持者の間で大きな話題になりました。

今回の大統領選の不正を暴こうとしている弁護士、シドニー・パウエルは「２０１６年の大統領選でも民主党がドミニオンを不正操作した。ところが、フロリダ州ではドミニオンをインターネットにつなげることができなかったためトランプが勝てた」と言っています。

２０００年、２００４年の選挙で民主党支持者が電子投票機の不正操作を批判していた、という史実をふまえて今回の選挙を振り返ってみましょう。

２０２０年の春、アメリカ最大の労働組合であるＡＦＬ－ＣＩＯ（アメリカ労働総同盟産業別組合会議）が、１２００万人の加盟組合員に、絶対に民主党の勝利を死守しろ、と命令。

労組のメンバーたちは、民主党派が圧倒的多数を占めるミシガン州デトロイト、ペンシルヴァニア州フィラデルフィアとピッツバーグ、ジョージア州アトランタ、ウィスコンシン州グリーン・ベイ、マケイン派（＝カバールの手下）の共和党が牛耳るアリゾナ州マリコパ郡で選挙を監視する立会人を務めました。

彼らは共和党の立会人を排除し、署名のない投票用紙／死者の名前が登録された投票用紙／

折り目のない（封筒に入れた形跡がない）郵便投票用紙／発送日よりも前に投票所に届いた郵便投票用紙を受諾する、白紙の投票用紙にバイデンの名を書き込む、などの違法行為を行う民主党の選挙管理人たちを守りました。

マリコパ郡では、共和党支持者に油性のペンを手渡し、トランプの名前についた丸を塗りつぶした紙がにじんで、投票機が読み取れないようにし向けました。

郵便投票を嫌い、選挙日に投票に来た何万人もの共和党支持者たちが、選挙管理人に、「あなたは郵便投票ですでに投票した」と言われて、送り返されました。

共和党の立会人は集計作業からも除外され、アトランタでは民主党員が同じ投票用紙を何回も集計機に送り込みました。

中国からも何十万枚もの偽投票用紙が輸送され、民主党員たちが書き込んだ中国製の投票用紙も平然と集計。

ドミニオン投票機は、カリフォルニア州では、1票をトランプが0・322票、バイデンが0・659票獲得した、という比重で集計。

このような数々の不正を列挙したテキサスの訴訟が最高裁で却下され、最高裁まで腐っていることが明らかになりました。

Q トランプは1億票以上獲っていた

NSAはすべての通信をキャッチしています。

組合員、民主党、FBIやCIAの幹部、政府の役人たちはメールやテキストメッセージ、ズーム、スカイプなどで不正のコーディネート、打ち合わせをしていたはずです。民主党幹部やマケイン派の共和党議員、中国に賄賂をもらっていたに違いないジョージアの共和党知事なども、不正行使にあたりカバールと連絡を取っていたはずです。彼らの通信が暗号化されていたとしても、NSAが解読できないはずがありません。

宇宙軍（スペイス・フォース）も世界中の通信を傍受しているので、CIAのドイツのオフィスやイタリアのサテライトがドミニオン投票機を不正操作していた証拠を掴んでいます。

こうした実情を理解しているマイケル・フリンとシドニー・パウエルは、実際に投票機を通った正当な投票用紙だけを数えた場合、投票者の75パーセントがトランプに投票した、とツイートしていました（2人ともツイッターから追放されました）。これは、あくまでも投票機を通過した投票用紙のみを数えた場合の話で、その前に民主党が捨て去ったトランプへの票は含まれていません。州全体では共和党が強いオクラホマ州でも、民主党議員が多い街ではトランプへの票が大量に破り捨てられていました。つまり、破棄されたに違いない票も入れると、トランプは恐らく1億2000万票以上の票を獲得したはずなのです。

バイデン支持者の左派黒人指導者、タリーク・ナシードさえも、こうツイートしています。

「バイデンに投票した何百万票もの魔法の郵便投票が出現か。激戦州の中の黒人が多い都会でバイデンへの魔法の郵便投票用紙が現れた、と報道されてるが、黒人はバイデンとそりが合わない。いったいどこからこんな票が入ってきたのか？　嘘をついちゃいけない。バイデンが記録的な得票数で勝った州で、共和党の議員が勝ったのはおかしくないか？　バイデンに投票した何百万人もの人間が共和党の議員に投票した、と信じろ、というのか？」

この選挙が正当な選挙でバイデンが勝った、と思っているのは、フェイク・リアリティの中で暮らしている愚鈍な左派だけです。

第11章　大覚醒

THE GREAT AWAKENING.
SHEEP NO MORE.
WE, THE PEOPLE.
FOR GOD & COUNTRY – WE FIGHT!
Q

大覚醒。
もう羊（盲従する人間）ではない。
我々、人民。
神と国家のために──我々は戦う！
Q

Q "大覚醒" 大作戦

２０１６年以降のアメリカで起きたすべてのできごとは、アメリカ国民をカバールのマトリックスから目覚めさせるためにトランプと米軍勇士が仕組んだ「大覚醒大作戦」の一環でした。

２０１６年の大統領選キャンペーン中、トランプはジェブ・ブッシュ、ヒラリー、オバマ、マケイン、ＮＡＴＯ、ＥＵ、国連を徹底的に罵倒し、不法移民流入と銃規制強化を厳しく批判して意図的にカバールを挑発。これが罠だと気づかないカバールは、全力を挙げてトランプ阻止のために〝ロシア疑惑(ゲート)〟をでっち上げ、トランプをスパイする、などの犯罪行為を展開。少なくとも２０００年以降ずっと不正選挙を成功させているカバールは、まさかヒラリーが負けるとは思ってもみなかったので、堂々と犯罪を犯しました。

しかし、２０１６年には軍の勇士たちが、フロリダ州などの激戦州の投票機がインターネットに接続できないようにしたため、トランプが勝利。１０００年間、負け知らずだったカバールは狼狽し、この後トランプ倒しのために精を出し過ぎて、徐々に正体を白日のもとに晒(さら)すことになりました。

トランプは、２０１７年1月の就任演説で、カバールに間接的に宣戦を布告しました。

トランプが「4年ごとに旧政権から新政権に権力が移行するが、今日の就任式には特別な意義がある」と言っている間に、陸海空軍、海兵隊、沿岸警備隊の高官たちが現れて、トランプの背後に整列。トランプは軍人を背後に従えて、「今日、我々は、一つの政権から新政権へ、一つの党から別の党へ権力を移行するのではなく、ワシントンＤＣからみなさん、国民に権力を返還する」と、スピーチを続けました。そして、トランプが「あまりにも長い間、首都の小さな集団のみが政府の恩恵を受け、国民がその代償を払ってきた」と言っている間に、軍人たちが立ち去りました。

英語で、stand behind ～（～の背後に立つ）は「～の支援をする、～の後押しをする、～の後ろ盾となる」という意味です。

つまり、トランプは、「我々は権力をワシントンDCから国民に戻す」と言っている間、軍人を背後に立たせて、The military is standing behind President Trump.「米軍がトランプ大統領を支援している」、「権力をワシントンDCから国民に戻す〝我々〟とは、トランプと彼を全面的にバックアップしている米軍のことだ」というメタメッセージを送ったのです。

就任後、トランプはただちにカバールの手下と化した各国首脳・要人を訪問。トランプは、恐らく彼らの悪事の証拠物件を持参して、「我々の味方をしないと、おまえらの悪事をバラすぞ！」と脅したに違いありません。

5月にサウジアラビアを訪問した際、サウジ王家は剣の踊りでトランプを歓待した後、トランプに剣を渡して、敬意を表しました。数ヶ月後、オバマをハーヴァード大学に入れたカバールの手先、アル・ワリードが皇太子の座を追われ、カバールの仲間入りを拒否したムハンマドが皇太子に就任。

ヴァチカン、EU、ダヴォスを訪問した際も、トランプはローマ法王やディープ・ステイトの連中に悪事の証拠ビデオを手渡し、「てめぇらの悪事はすべてバレてるぜ！」と、最後通告をしたのでしょう。笑顔のトランプ大統領と渋い顔のペド法王の記念写真がすべてを物語っています！

中国訪問の際は、これまで誰も招待されたことがない紫禁城でトランプのための特別晩餐会が開かれました。

中でも一番笑えたのは英国訪問でした。バッキンガム宮殿に招待されたトランプは、わざと1時間以上遅れて到着。意図的にプロトコールを破って王族の前を歩き、エリザベス婆さんとペド皇太子に「あんたらの時代は終わった！」と知らしめました。

トランプは、こうして世界のリーダーたちに、正義につくか、カバールにつくか、という選択を迫りました。

2018年の暮れ、ジョージ・H・W・ブッシュの葬式で、息子ブッシュの奥さん、ヒラリー、ペンス夫人、オバマ夫人、バイデン夫人に封筒を贈る、という演出をして、中身を見て顔面蒼白になるジェブ・ブッシュやバイデンの顔をライブ中継させました。封筒の中には、「彼らはすべてを知っている」と書かれた父ブッシュからの手紙が入っていた、と言われています。

一方、メル・ギブソンとニコール・キッドマンのおかげでハリウッドのペドフィリアに焦点が当たり、Qの出現、ロバート・デイヴィッド・スティールなどのポッドキャストによってアメリカ人の半数が「カバールという支配層が存在し、彼らがペドフィリアを利用して政治家、判事、警察、ビジネスマンなどを操っている」という裏の実態に気づき始めました。

経済面では、トランプはアメリカ優遇政策を採り、製造業をアメリカに戻し、安い労働力を

ジョージ・H・W・ブッシュの葬式（2018年12月5日）でトランプから贈られた封筒の中身を読む息子ブッシュ夫人、ヒラリー、ペンス夫人、オバマ夫人、バイデン夫人など。中には「彼らはすべてを知っている」と書かれた亡くなった父・ブッシュからの手紙が入っていた。

提供する不法移民を取り締まり、ブルーカラーの人々がいまだかつてない繁栄を体験。黒人やヒスパニックが多い地区にビジネスを興しやすい環境を与え、黒人やヒスパニックの所得も大幅に上がり、「適切な政策を採れば経済的繁栄を達成できる！」ということを労働者階級の人々に教えました。

また、トランプは〝フェイク・ニューズ〟という言葉を定着させ、国民の過半数を大手メディアから脱却させせました。

さらに、軍事予算も大幅に増やし、宇宙軍を設立し、人工衛星の管理を強化してサイバー攻撃（＝2020年の大統領選）に備えました。

そして、2020年、民主党が牛耳る都市でBLMやアンティファの略奪や暴動が相次ぎ、普通の神経を持つ人々、特にヒスパニックが暴力的な極左に愛想を尽かし、民主党支持者が激減しました。

また、コロナ対策として葬式まで禁じる厳しいロックダウンを強要した民主党政治家たちが、密かに高級レストランで食事をしたり、ヘアーサロンに行く姿がツイートされ、民主党の偽善もイヤというほど露呈されました。

選挙の後は、トランプ側の弁護士（ルーディー・ジュリアーニ元ニュー・ヨーク市長、シドニー・パウエル、リン・ウッド）がおびただしい量の不正の証拠を提示しました。トランプ支持者のほぼ全員（つまり、投票した人々の7割以上）が〝不正があった〟という事実をしっかり把握。最高裁がトランプの訴訟を取り上げることさえ拒否したことで、「ロバーツ最高裁判事はペドだ、という噂は本当だった！」と、トランプ派が深く納得。

2020年暮れの段階では、トランプ支持者のほぼ全員が、スコット・マッケイやサイモン・パークスなどの米軍上層部からの情報を得ている人々のビデオや、マイケル・フリンのインタビューを見て、この選挙がカバールの手下をあぶり出すためのおとり捜査だったことを把握しました。

2021年、1月6日、下院で選挙結果を認めるかどうかの審議が行われ、ホワイトハウスの正面の広場でトランプが「不正のない選挙をしなくてはならない」と演説している最中に、トランプ支持者を装ったアンティファやBLMが議事堂に乱入し、アシュリー・バビットが〝撃たれて死亡〟した、と報道されました。大手メディアが、「トランプが〝不正があった〟と嘘をついて暴動を煽ったせいで死者が出た！」とはしゃぎたて、それまで「不正選挙の結果は承認しない！」と宣言していた共和党議員たちが次々にトランプを裏切って、選挙結果が批准されました。

トランプ支持者たちは、常にトランプを支持していた元ネイヴィー・シールズのダン・クレンショーや、「絶対にバイデンを阻止する！」と宣言していたマーシャ・ブラックバーンなどが寝返ったことに愕然としました。そして、かつてトランプが「すべてを失った時、初めて誰が忠誠心があるかが分かる」と言っていたことを思い出し、これも公正な選挙を擁護する合衆国憲法を忠実に順守する人間と、カバールの手下を区別するためのおとり作戦だったのだ！と気づきました。

この後、大手メディアがネオナチに例えていたプラウド・ボーイズというトランプ支持組織がＦＢＩの仕込みだったこと、議事堂乱入の際に「トランプ支持者に消化器で頭を殴られて殺された」と報道された警官の死因が病死だったことなどが分かり、中道派も「ニューズは全然信じられない」という事実に気づきました。

Q 録画編集切り貼りだったバイデンの大統領就任式

そして、1月20日、就任式。

トランプは早朝、お別れの演説を行った後、ニュークリア・フットボール（核攻撃の許可を出せる道具が入った黒いブリーフケース）を持つ軍人と共にエアーフォース・ワンに搭乗。フロリダに到着した時、メラニアは6角形の模様のついたドレスを着ていました。これはアドレノクロームの分子構造を意味するもので、カバールに対する最後通告でした。

バイデンの就任式は、トランプ監督が「バイデンは偽大統領で、偽政権が行うすべてのことはフェイク・リアリティだ」と教えるための〝ミニ映画〟でした。バイデンは俳優のジェイムズ・ウッズが演じている、と噂されています。

この日バイデンは政府の飛行機ではなく、プライヴェート・ジェットでワシントンDC入りしました。

ワシントンDCは曇りで雪がちらついていましたが、就任式の〝生中継〟は、カメラが切り替わるたびに晴れていたり曇っていたり、という不思議なお天気でした。バイデンが宣誓を行うシーンも、カメラが切り替わるたびにバイデンの後ろにいる人たちが入れ替わり、明らかに2つの〝就任式〟を録画して、編集で切り貼りしたものでした。

いくつかのシーンで現れた男性は、キャッスル・ロック・エンターテインメント（映画スタジオ）の帽子をかぶっていました（キャッスル・ロックには大統領執務室のセットがあります。スティーヴン・ムニューシンは、トランプ政権の財務長官になる前は、ここでX‐MENシリーズなどの映画のプロデューサーを務めていました）。

レディー・ガガは海兵隊員に腕を捕まれて登場。普通、海兵隊員にエスコートされる場合は、女性が海兵隊員の腕に捕まって歩くのですが、レディー・ガガはその逆で、あたかも逮捕された犯罪者、という感じでした。

祝砲も、この就任式がフェイクだ、と軍人に知らせる暗号のようなものでした。

大統領就任を祝う公式な祝砲（21ガン・サリュート）は、3台の大砲と、不発に備えてもう1台の大砲、合計4台の大砲が用意され、3台の大砲が3秒ごとに大砲を撃ちます。しかし、バイデンの〝祝砲〟は、2台の大砲と、不発に備えた1台の大砲、合計3台の大砲が5秒ごとに大砲を撃ちました。これは、大統領就任を祝う大砲の撃ち方ではなく、軍人の葬儀、あるいは外国の要人の到着を祝うときに使われる打ち方です。

比較してみてください。

トランプ大統領就任式

https://www.youtube.com/watch?v=sN1zJJc8PUU

バイデンのフェイク就任式

https://www.youtube.com/watch?v=UIprRLYcteA

これで、軍人、退役軍人が、これはすべてが芝居だと察知しました。

さらに、バイデンの就任式は、トランプ大統領の就任期限が正式に終了する正午よりも10数分前に始まったので、これは明らかにトランプが国民を目覚めさせるために仕組んだお芝居でした。

軍部は、バイデンが不正選挙で大統領の座を盗んだことや、オバマ政権時代に中国から賄賂をもらってアメリカに不利・中国に有利な政策を採っていた証拠を摑んでいました。憲法順守の愛国的な軍人には、不正な方法で大統領の座についた人間を排斥する義務があります。しかし、すぐにバイデンを逮捕すると暴動が起きることが目に見えていたので、バイデンが大統領になったかのように見せかけることにしたのです。

そして、トランプ側はこの後、偽（フェイク）バイデンに過激な反アメリカ政策、トランプ派迫害政策を遂行させ、バイデン政権がいかにひどいものかを国民に次々と示していきました。

まず、天然ガスのパイプライン建設中止で失業した何万人もの人々が、怒りを露わにしました。また、ＢＬＭのいいなりになって警察の予算を大幅にカットした街では、黒人の喧嘩が絶えず、犯罪率や殺人事件も急増し、黒人たちもウンザリしています。大都市では黒人によるアジア人への暴行が頻発し、アジア人のバイデン政権への怒りが高まりました。

コロナウィルスに感染している不法移民を国民の税金で飛行機に乗せて、アメリカ各地に送り込むバイデンの政策には、コロナウィルスを本気で怖がっている左派からも不平がもれました。

Q ゲームストップ株事件で民衆の怒りが爆発

大統領選で大規模な不正が行われたにもかかわらず、トランプがバイデン（のそっくりさん）を大統領にさせたのは、バイデン政権下でアメリカを破産させ、まだ連邦準備制度のからくりに気づいていない人々を目覚めさせるためでもありました。

１月下旬、経済面での目覚まし作戦第１弾としか思えない事件が起きました。

メルヴィン・キャピタルという資産運用会社が、ゲームストップ（ビデオゲーム販売チェーン店）の空売り（ショートセリング）を始めました。このあと、一般投資家が集まる投資情報交換サイト、WallStreetBets（ウォールストリート・ベッツ。ウォール街の賭け）の利用者たちがゲームストップ社の株を買い始め、一時は２ドルまで下がっていた株が１月21日には、65ドル１セントに上昇。１月25日、大損を被ったメルヴィン・キャピタルを破産の危機から救済するために大手ヘッジファンドのシタデルとポイント72が、メルヴィン・キャピタルに27億５０００万ドル投資しました。

１月26日、ゲームストップ（ゲームソフトを実（じつ）店舗販売する庶民の味方）の株の動きがオンラインで話題になり、１月27日には３４７ドル51セントにまで沸騰。次の日、オンラインで投資をする個人投資家のためのアプリ、ロビンフッドがゲームストップの株の購入機能を停止し、ゲームストップの株価は44パーセント落ちて、193ドル60セントに下がりました。

極左のアレクサンドリア・オカシオ＝コルテス民主党下院議員は、資本主義批判の一環としてロビンフッドを批判しましたが、庶民の味方を装っていたエリザベス・ウォーレン民主党上院議員は、「個人投資家たちが談合して株価を人為的に操作した」として、証券取引委員会にレディット（投資の情報交換をチャットするサイト）の調査を要請。有名な経済アナリストたちも、「株の素人たちがウォール・ストリートを破壊しようとしている。まるでテロ行為だ！」と、一般庶民を批判しました。

こうした批判を聞いて、庶民は「空売りでぼろ儲けするヘッジファンドに一般庶民が同じ手を使って対抗することのどこがテロ行為なのか？」と、激怒しました。

グーグルやアップルのアプリ・ストアーが、ロビンフッド（ネット証券会社）に関する何十万件ものネガティヴ（批判）レビューを削除している最中に、ロビンフッドの内部告発者が、「ホワイトハウスとセコイア・キャピタルから〝個人投資家の投資を止めろ！〟という命令の電話があった」と、リーク。

この一連の出来事で、ロビンフッドが〝一般投資家がオンラインで手数料無しで投資できるためのネットショップ〟などではなく、ヘッジファンドや銀行のために個人投資家の情報を収集するための組織だったこと、ロビンフッドの最大の取引相手が最大手のヘッジファンド、シタデルだったことも分かりました。さらに、バイデンがストロック（オバマゲートでトランプを罠にかけようとした汚職FBI捜査官）の妻を証券取引委員会の委員長代理に据えていたこと、バイデンの広報官、ジェーン・サキ（オバマの広報官もしていた）の弟がシタデルの顧問であることも判明。バイデンが財務長官にしたジャネット・イェレン（オバマ時代の連邦準備制度理事会議長）が、ウォール・ストリートでレクチャーをしてシタデルを含むヘッジファンドから少なくとも700万ドルの報酬を得ていたことも分かりました。

これで、「金持ち投資家たちはお互いに助け合って損をしない構造になっている」というウォール・ストリートの仕組みが、一般人の目に見えるようになりました。

それと同時に、この一連の流れが、不正選挙の流れにそっくりだ！、ということにも、よほどの馬鹿以外が気づきました。

ゲームストップ社のスキャンダルは、個人投資家が現行のルールに従って勝つと、ウォール・ストリートがルールを変更して個人を押さえつけ、民主党幹部や大手メディアが個人投資家を悪者扱いし、SNSが既存権力に不利な情報を削除する。

2020年の大統領選では、民主党は正当な手段では勝てないと分かっていたので、コロナウィルスを口実に署名照合も消印も要らない大量の郵便投票に切り替え、投票機不正操作を含むズルをして票を盗み、既存権力と大手メディアは不正を指摘する人々を悪者扱いして、SNSは真実を語る人々の口封じをしています。

カバールの手下たちは、まったく同じ手を使って個人の投資権、投票権、発言権などを奪っているのです。

レディットのサブサイトにはトランプ支持者が多く、ウォールストリート・ベッツのマスコットが若い頃のトランプにそっくりなので、トランプ支持者は、これは〝機を見るに敏〟というトランプ側が仕組んだ国民目覚まし作戦だ、と信じています。

Q カバールとの戦いは最終段階

バイデン（を演じている役者）も、「わしは120年前に上院議員になった」、「わしが政権につくまでワクチンはなかった」（去年の暮れにバイデンはワクチンを打っていた）、「不法移民大量流入はトランプの政策のせいだ」、「工場の海外移転や増税は経済回復に役立つ」、「人民のパワーっつーのは政府の権力のことじゃ」など、有り得ない失言、暴言を連発。さらに、1兆9000億ドルのコロナウィルス救済金のうち91パーセントは美術館、芸術奨励、教員組合、中絶クリニック、民主党の州、外国への援助に横流しされた、などの大胆不敵な左派優遇政策を進め、必死になって中道派を起こそう（覚醒させよう）としました。

最後に、その他のお目覚めイヴェントの中から、特に重要な事項をいくつか拾っておきましょう。

１月31日、ロスチャイルド一族が１８７５年から所有していた約５４００ヘクタールのオーストリアの豪邸と敷地を９０００万ユーロで売却。２月８日には、デイヴィッド・ロックフェラーが、メイン州にある約６ヘクタールの豪邸と敷地を１９００万ドルで売却。４月半ばには、民主党がアリゾナ州マリコパ郡（ジョン・マケインの地元）の投票用紙鑑査を止めるための訴訟に必要な１００万ドルが払えず、トランプ支持者たちは、「カバールやディープ・ステイトの資産をトランプが差し押さえた！」と察知して、喜びました。

教員組合が開校を拒絶し続けるサンディエゴの公立学校が、不法移民の子どもたちのために学校を開き、左派の親たちが激怒！　私立学校でも数学や科学よりもクリティカル・レイス・セオリーを重視し、優秀な黒人生徒の親たちが激怒！

大手銀行が、１月６日前後にワシントンＤＣのホテルを予約した人やＤＣへの航空券を買った人、銃を買った人の記録をＦＢＩに渡し、ＦＢＩが彼らを〝詰問〟し、彼らの多くが飛行機に乗れなくなったことが発覚。中道派も、ひるみました。

1月25日、マイケル・フリンの弟、チャールズ・フリンが太平洋側の陸軍のリーダーに昇格。バイデン政権が本物だったら、こんな人事が許されるわけがありません。

1月29日、国防省のオフィシャル・インスタグラムが、Nowhere to Hide Global Reach「どこにも隠れられない　世界中に到達」とペイントされた空軍の飛行機を紹介。飛行機の番号は0045。これは、第45代大統領のトランプが世界中のディープ・ステイトに送った「逃げ隠れはできないぞ！」というメッセージでした。

2月1日、ミャンマーで、スマートマティックを使った不正選挙で〝勝った〟とされる最大与党のリーダー、アウン・サン・スー・チー国家顧問を軍隊が拘束。ソロスとクリントン財団が莫大な資金をつぎ込んだミャンマーは人身売買と麻薬密売のアジアの拠点です。トランプ支持者はトランプ同盟軍がミャンマーで勝った！と、喜びました。

2月7日、空軍がF－16ファルコン17機の写真をツイート。17はQ支持者の合い言葉なので（Qはアルファベットの17番目の文字）、トランプ支持者は「空軍がトランプを支援している証拠だ」と察知しました。

2月8日、バイデンを空港に運んだ車は泥で汚れ、シークレット・サーヴィスの人間はジーンズに茶色い靴、という格好。エアーフォース2の機体番号は90017で、バイデン用の階段は普通の階段で、記者団用の階段に赤いカーペットが敷かれていました。

2月19日、宇宙軍が17人の空軍兵の写真と共に「ようこそ、ガーディアン（守護者）諸君！　17人の空軍兵が宇宙軍に入隊！」とツイート。

2月20日、海軍が We're ready.「我々は準備ができている」とツイート。1年前の2020年2月20日、Qが You are ready. Prepare for the storm.「君たちは準備ができた。嵐に立ち向かう覚悟をしろ」と書いていたので、トランプ支持者は、「カバールとの戦いが最終段階に達したことを告げるメッセージだ」と受け止めました。

2月22日、NASAが〝火星に送った〟探査ローヴァーが、〝火星の表面〟にペニスの軌跡を描き、トランプ支持者は「やっぱりNASAのすべてが大嘘だった！」と察知しました。地球の赤道傾斜角が23・4度（90－23.4=66.6）、地球が太陽の周りを時速66600マイルで回っている、というのも凄すぎますよね！　666は悪魔の数字ですから。

2月24日、フェドワイアー（連邦準備銀行の即時グロス決済資金移動システム）が数時間に渡ってダウン。トランプ支持者たちは、「トランプが連邦準備銀行を潰して、中央銀行を通さない新しいシステムに変えたのだ！」と察知しました。

3月17日（聖パトリックの日）、バイデン就任以来ずっと夜11時には真っ暗になっていたホワイトハウスが、聖パトリックの日にちなんで夜11時以降もグリーンの照明が当てられていました。トランプ支持者は「17日、つまりQの日だから、トランプが返り咲く準備が始まったのだろう！」と喜びました。

3月24日、スエズ運河でロッテルダムに向かう大型貨物船が岸にぶつかって運河を塞ぎ、他の船が通れなくなりました。貨物船の名前が、エヴァーグリーン（クリントン政権時代のヒラリーのシークレット・サーヴィス・コード・ネーム）で、コール・サインがH3RC（HRC=Hillary Rodham Clinton）でした。誘導していた2隻のタグボートの名前がバラクとモサド。Qの推薦映画『トータル・フィアーズ』は、核爆弾が貨物船でボルチモアに運ばれる、という筋書きで、ロッテルダムとボルチモアは姉妹都市。さらに、サテライトが捉えた渡航経路の軌跡がペニスの形をしていたので、トランプ支持者は「ホワイトハットの仕業だ！」と笑いました。

3月30日、スエズ運河がやっと開通しましたが、1週間封鎖されていた間、物流機関が1時間で4億ドルの損失となり、企業はその額を物価に上乗せし、ヨーロッパの人々が経済グローバル化の悪影響を肌で体験。

4月24日、トランプがホワイトハウスから去る寸前に、それまで使われていなかった何百万個ものペンタゴンのIPアドレスが、フロリダのグローバル・リサーチ・システムという会社で使われ始めたことが発覚。発表されたIPアドレスの最初の7桁は11.11.180でした。2018年4月21日のQのインテル・ドロップに、「アメリカは再び統一される！ 11.11.18.」と記されていたので、トランプ支持者は、ペンタゴンのサイトを使って真実が開示される日が近い！　と知りました。

4月26日、トランプ嫌いのセレブが説教をしまくるアカデミー賞授賞式の視聴者数がわずか980万人だったことが判明。2014年は4370万人だったことを思うと、ハリウッドの威力失墜が明らかとなり、保守派は大笑いしました。

4月28日、FBIがルーディ・ジュリアーニの家からパソコンやケイタイ電話を押収しました。トランプ支持者は、Qの「すべての証拠を持っているのは誰？　証拠を法廷に提出する方法は？　ルーディのことだ」というインテル・ドロップを思い出して、「FBIが押収した証拠物件として、不正投票の証拠を公式に法廷で提示できる！」と喜びました。

4月29日、スタンリー・キューブリック監督が「ラムズフェルドに頼まれて月面着陸のシーンを撮った」と告白している映像がビットシュートに掲載されました。

5月10日、ウィキリークスが数年前にリリースしたネヴァダで行われた〝月面着陸〟の映像が再浮上。

同日、パレスチナがイスラエル攻撃を開始。Qが「イスラエルは最後までとっておく」と言っていたので、トランプ支持者たちは、「カバール破壊作戦が最終段階に突入した」と察知しました。

5月中旬、オバマが〝ミシェル〟のことを〝マイケル〟と呼んでいるビデオや、オバマ夫人

ネヴァダで行われた月面着陸の映像。ウィキリークスが数年前に YouTube でリリースし、すぐに削除されたが、別の映像配信プラットフォームで再浮上した。

https://www.bitchute.com/video/Z5tRKyYiJPtd/

が男だというビデオが再浮上。

5月下旬、バイデン政権が年間4万ドルもの失業手当を与えているため、中小企業は人手不足なのに失業率は6パーセント以上、という不健康な経済状態で、アメリカが破産するのは時間の問題です。さらに、ガソリン代、食費、物価も上がり、毎日何千人もの不法移民がなだれ込み、大企業がワクチン接種を強要し、6月初旬の段階で約1万4000人がワクチンのせいで死亡。さらに、コロナウィルス〝製造〟にファウチが関わっていたことや、ファウチがヒドロキシクロロキンの効力を知っていながら使用を禁じたことを裏づける証拠が続出。中道派も「これはマズい！」と目覚め始めています。

6月から再開されるトランプ・ラリー（支持者を集めた大会）はトランプ大統領の帰還準備の第1歩！　この本が出版される頃には、アメリカ全土で不正投票の証拠が提示され、トランプ大統領がカバールの正体を白日の下に晒してくれるはずです！

あとがき

How many COINCIDENCEs before mathematically impossible?
Q
It was over before it began.
Q
偶然がいくつ重なると数学的に不可能となるのか？
戦いは始まる前に終わっていた。

トランプが出馬してから今までの出来事のすべてが、Qが書いたシナリオに添って展開した必然的な成り行きだった、というのは信じられます。

しかし、Qがシナリオを書く前に起きたことやNSAの情報では予想し得ない事項にも、〝宿命〟としか思えないことが多すぎて、私はひたすら驚嘆しているところです。

まず、1889年から1893年にかけてニューヨークの作家、インガーソル・ロックウッドがバロン・トランプ Baron Trump という少年が主役の冒険小説シリーズと *The Last President*「最後の大統領」というタイトルの小説を書いていた、という史実。トランプ大統領の3男のバロンのスペルは Barron ではありますが、ものすごい偶然ですよねぇ！

また、ホワイトハウスのすぐ近くのビルに本社があるインガーソル・ロックウッドという会社は、グレイト・アウェイクニングを促進させるためのサイバーセキュリティ会社で、重役は全員が元軍人。しかも、住所は1717 Pennsylvania Avenue（Qはアルファベットの17番目で、17はQの暗号のようなもの）。同社は、アメリカの産業開発、束縛のないオープン・ソース・メディアでのコミュニケイションを目指している、ということで、これまたトランプと関係がありそうです！

トランプの叔父の、MITの物理学教授だったジョン・トランプ博士は、アメリカ政府から頼まれて、ニコラ・テスラの死後、テスラが残した研究論文などを調べていました。マルコーニのせいでフェイク・ニューズが生まれたことを思うと、これまた奇遇です。ジョン・トランプの顔がウィキリークスのジュリアン・アサンジに似ているのも不思議です。

https://t.me/s/GhostEzra/5254

トランプのフロリダの邸宅、マール・ア・ラーゴは、トランプが購入する前は、ニクソンやカーターのウィンター・ホワイト・ハウス（冬のホワイト・ハウス）として使われていました。そのため、防空壕のようなバンカーや盗聴を阻止する精密情報隔離施設も備わっています。

選挙の不正を暴き訴訟を起こすための費用を提供したマイク・リンデルは、不正投票のドキュメンタリーも作り、コメディ番組にも出演し、人々を目覚めさせるために尽力しました。リンデルは、マイ・ピロウという眠りやすい枕の会社の社長です。ぐっすり眠れる枕を売っているリンデルが人々を目覚めさせるために一役買った、というのも不思議な縁です。

1949年に、シドニー・パウエルという名前の牧師が Great Awakening「大きな覚醒」という本を書いていることも見逃せません。聖書を引用してキリスト教の精神の復活を呼びかける、という内容で、Qの大覚醒とは関係ないのですが、著者名がシドニー・パウエルで著書名がグレイト・アウェイクニングという組み合わせは、これまた奇遇ですよねぇ！

マイケル・フリンは、「ヨハネの黙示録に出てくる悪魔より強力な大天使マイケル（ミカエル）にちなんでマイケルと名付けられた」と語っています。フリンは、まさに、トランプを守ってカバールという悪を打ち負かす大天使のような存在です。

トランプという名前も（もともとはドイツ系の Drumpf という苗字でした）、動詞の trump は「勝つ、切り札を出して勝つ」、trump card は「切り札」で、名前からして「勝者」です。

イザヤ書では、邪悪な地、バビロンに関し、神がこう言っています。「私はそれを owl（アウル）フクロウがはびこる swamp（スワンプ）沼地に変え、滅亡をもたらすほうきによって払い除ける」

これも、フクロウの形をしたキャピトルヒル（議事堂がある）という沼を一掃する、drain（ドレイン） the swamp（ザ スワンプ）「沼から汚れた水を抜く。汚職という泥沼を一掃する」というトランプの公約に似ていますよね。

Qから情報を得ている人々は、こう言っています。「英国王室の人間全員を処刑するわけにはいかないので、カバールの血筋を絶つことはできない。中途半端な時点でトランプ大統領が世界を救ってしまうと、人類はカバールの恐怖を忘れ、生き残ったカバールの子孫が再起する恐れがある。これを防ぐためには、人類が孫子（まご）の代まで語り継ぐほどの臨死体験を味わい、カバールへの反感がＤＮＡに刻み込まれるところまでいかなくてはならない」

ワクチン義務づけで人類が家畜化され、食料／水／ガソリン不足やＢＬＭのせいで暴動が起きる、などの臨死体験をアメリカ人が味わうのは時間の問題です。

トランプ大統領と彼を支援した英雄たちの偉業は、聖書や孫子（そんし）の兵法のごとく今後何千年にも渡って敬愛されることでしょう！

最後に、綿密な監修をしてくださった副島隆彦先生と、何度も書き直して編集をしてくださった小笠原豊樹氏に、厚くお礼申し上げます。

２０２１年6月10日、テキサスにて　西森マリー

本文の記述の典拠となる参照サイト（ＵＲＬ）は、秀和システムのホームページ（https://www.shuwasystem.co.jp/）の本書の欄の「サポート」内に掲載いたしました。
https://www.shuwasystem.co.jp/book/9784798064833.html

■監修者プロフィール

副島隆彦（そえじま たかひこ）

評論家。副島国家戦略研究所（SNSI）主宰。1953年、福岡県生まれ。早稲田大学法学部卒業。外資系銀行員、予備校講師、常葉学園大学教授等を歴任。主著に『世界覇権国アメリカを動かす政治家と知識人たち』（講談社＋α文庫）、『決定版 属国・日本論』（PHP研究所）、近著に『裏切られたトランプ革命』（秀和システム）他多数。

■著者プロフィール

西森マリー（にしもり まりー）

ジャーナリスト。エジプトのカイロ大学で比較心理学を専攻。イスラム教徒。1989年から1994年までＮＨＫ教育テレビ「英会話」講師、ＮＨＫ海外向け英語放送のＤＪ、テレビ朝日系「ＣＮＮモーニング」のキャスターなどを歴任。1994年から4年間、ヨーロッパで動物権運動の取材。1998年、拠点をアメリカのテキサスに移し、ジャーナリストとして活躍している。著書に『ディープ・ステイトの真実』（秀和システム）、『ドナルド・トランプはなぜ大統領になれたのか？』（星海社新書）他多数。

世界人類の99.99%を支配するカバールの正体

発行日　2021年 7月10日　第1版第1刷
　　　　2022年12月 1日　第1版第6刷

著　者　西森　マリー
監修者　副島　隆彦

発行者　斉藤　和邦
発行所　株式会社　秀和システム
〒135-0016
東京都江東区東陽2-4-2　新宮ビル2F
Tel 03-6264-3105（販売）Fax 03-6264-3094
印刷所　三松堂印刷株式会社　Printed in Japan

ISBN978-4-7980-6483-3 C0031

■好評既刊■

裏切られたトランプ革命

新アメリカ共和国(リパブリック)へ

副島隆彦 *Soejima Takahiko*

ISBN978-4-7980-6442-0　四六版・272頁・本体1600円+税

2021年1月11日、軍のトップの「裏切り」によって、トランプは軍を動かせなくなった。戒厳令は出せなくなった。だが、軍はバイデン新政権に協力することも拒否している。今、アメリカは奇妙な権力の真空状態にある。一種の軍事政権だ。トランプを支持する勢力は、まずディープ・ステイト側に国家破産させる作戦だ。そのあと、新アメリカ共和国へ向けて動き出す！

目次